나의 가치를 높이는 화술

나의 가치를 높이는 화술

개정판 1쇄 인쇄_ 2019년 4월 24일 | **개정판 1쇄 발행**_ 2019년 4월 30일
엮은이_박찬희 | **펴낸이**_진성옥 · 오광수 | **펴낸곳**_올댓북
주소_서울특별시 용산구 백범로 90길 74, 103동 오피스텔 1005호(문배동 대우 이안)
전화_02)2681-2832 | **팩스**_02)943-0935 | **출판등록**_제2016-000036호
E-mail_ jinsungok@empal.com
ISBN_978-89-94648-57-6 03320
※ 책 값은 뒤표지에 있습니다.

※ 올댓북은 도서출판 꿈과희망의 자회사입니다.
※ 새론북스는 도서출판 꿈과희망의 계열사입니다.
ⓒPrinted in Korea. | ※ 잘못된 책은 바꾸어 드립니다.

나의
가치를 높이는
화술

그라서안 외/박찬희 엮음

울림 book

차 한 잔 마시는 짧은 시간의 여유는
하루를 풍족하게 한다

하루를 가장 먼저 여는 사람은 누구일까. 이렇게 일찍 나오는 사람도 있을까 싶은 생각으로 어쩌다 새벽녘에 전철이나 버스를 타면 새벽을 가르고 어디론가 가고 있는 많은 사람들을 만나게 된다. 하루 24시간은 모든 사람에게 똑같이 주어진 시간이다. 그러나 사람마다 이 시간을 어떻게 활용하느냐에 따라 하루 24시간이 늘어나기도 하고 줄어들기도 한다. 이왕이면 나에게 주어진 시간을 잘 활용하여 살아 있는 시간으로 만들어야 한다. 살아 있는 시간이 많을수록 삶은 더욱 윤택해지고 성공한 인생을 만들어갈 수 있다.

아침에 5분 늦게 일어나 지각하지 않으려고 서두르다 보면 그날 하루는 정신없이 지나가게 된다. 반대로 5분 일찍 일어나면 의외로 하루가 여유있음을 경험하곤 한다.

성공한 사람들에 대해 살펴보면 로또에 당첨되듯 어느 한 순간 성공의 대열에 올라선 사람들이 없다는 것을 발견하게 된다.

자기 목표를 세우고 그에 맞는 방법들을 찾아 끊임없이 노력했을 때 우리 앞에 성공으로 향하는 문이 보이게 되고 그 문턱을 넘어서 성공으로 향하는 것이다. 그들은 성공의 문턱을 넘어설 때까지 무수히 많은 실패와 시련의 순간들을 만나게 되는 것을 두려워하지 않는다. 실패했다고 좌절하지 않고 실패를 거울삼아 다시 일어서고 시련 앞에서 굴하지 않고 다시 도전하는 도전 정신으로 목표를 잃지 않고 나아가는 그들 앞에 비로소 성공의 문이 활짝 열리는 것이다.

이 책에서는 성공으로 가는 과정 중에 무수히 일어나는 만남과 만남을 어떻게 풀어나가느냐 하는 대화법에 대한 지혜들을 소개하였다. 친구와의 대화, 연인과의 대화, 대중 앞에서 하는 강연, 중요한 협상테이블에서의 긴장되는 대화 등 우리는 언어라는 수단을 통해 성공의 지혜를 낚기 위해 수많은 대화의 장을 만나게 된다. 특히 대화로 성공할 수 있는 방법들을 조사 발췌하여 실었다.

이제 아침에 차 한 잔 마시는 짧은 시간의 여유를 통해 성공을 낚는 지혜를 하나씩 하나씩 자기 것으로 만들어가기 바란다.

1. 대화는 성공의 기본이다

2. 이런 대화는 성공을 방해한다

3. 즐겁게 성공하려면 이렇게 해라

4. 상대방을 설득시켜야 성공을 잡는다

5. 문제점은 성공으로 가는 징검다리이다

생각을 조심하라

생각을 조심하라.

왜냐하면 그것은 말이 되기 때문이다.

말을 조심하라.

왜냐하면 그것은 행동이 되기 때문이다.

행동을 조심하라.

왜냐하면 그것은 습관이 되기 때문이다.

습관을 조심하라.

왜냐하면 그것은 인격이 되기 때문이다.

인격을 조심하라.

왜냐하면 그것은 인생이 되기 때문이다.

그라시안

대화는 성공의 기본이다

이야기의 효과는 듣는 사람에게 달려 있다

화술에서 가장 잊지 말아야 할 것이 바로 상대방. 자신의 이야기가 얼마나 효과가 있고, 이 대화가 즐거운 대화인지는 상대방만 보면 알 수있다. 이야기의 목적 역시 상대방에게 있는 것이다.

대화를 할 때 가장 중요한 것은 상대방을 주시하며 말하는 것이다.

1

대화의 기본 4원칙은
성공이라는 나무의 뿌리이다

성공한 사람들을 살펴보면 대화를 할 때 남다르다는 것을 알 수 있다.

대화에도 기본 4원칙이 있다. 이것을 잘 지키면 성공이라는 나무는 튼튼하게 자라게 된다.

말의 첫 번째 목적은 자신의 생각과 느낌을 상대방에게 정확하게 전달하는 것이다. 여기서 좀더 나아가 기능적인 측면에서 화술의 목적을 살펴보면 상대방을 설득하기 위한 화술과 부탁을 위한 것, 신뢰를 얻기 위한 화술 등으로 나눌 수 있다. 그러나 어떠한 목적으로 하는 말이

15

건 말하는 사람은 듣는 사람을 위해 꼭 지켜야 할 네 가지 사항이 있다.

첫째, 주위를 끌어 말의 내용에 흥미와 관심을 갖도록 한다.

둘째, 흥미와 관심을 잃은 상황을 극복하여 그 흥미와 관심을 유지하도록 한다.

셋째, 정확히 이해시키고 올바로 납득시키기 위해 자신의 생각을 분명히 밝힌다.

넷째, 자신의 생각과 말의 내용을 듣는 사람이 정확히 깨닫도록 노력한다.

이 네 가지 기본 자세는 화술에 있어서 가장 기본이 될 뿐만 아니라 성공한 사람들의 공통점이기도 하다. 그러므로 우선 네 가지 기본 자세는 갖추고 있어야 한다.

치친 잔의여유

아는 것을 안다 하고 모르는 것을 모른다 하는 것이 말의 근본이다.

＿순자

② 말이 감정은 속여도
눈은 절대로 속이지 않는다

눈은 마음의 창이다. 이것은 모두가 다 잘 알고 있는 말이다. 실제로 눈은 감정을 있는 그대로 드러내기 마련이다. 상대방에게 관심이 있으면 우리는 상대방의 눈을 바라보게 된다. 반대로 상대방에게 관심이 없거나 부정적이거나 비판적인 감정을 가지고 있으면 우리는 눈을 피한다. 이처럼 눈을 통해서 상대방에 대한 기본적인 감정과 분위기를 미리 파악할 수 있는 것이다.

실제 우리의 눈은 생각하는 내용에 따라 위치가 달라진다고 한다. 생각하는 내용에 따라 눈동자의 위치가 바뀔 뿐아니라 눈동자의 이동에는 일정한 패턴이 있다.

눈이 왼쪽 위를 향하면 과거의 경험이나 이전에 본 풍경을 떠올리고 있는 것이며, 눈이 오른쪽 위를 향하면 지

17

금까지 본 적이 없는 광경을 상상하고 있는 것이다. 눈이 왼쪽 아래를 향하면 음악이나 목소리 등 청각에 관한 이미지를 생각하는 것이며, 눈이 오른쪽 아래를 향하면 신체적인 이미지를 생각하는 것이다.

그렇다면 대화에서 이런 점은 어떻게 적용될까?

일단 상대방의 눈을 바라보며 이야기를 하면, 상대방으로 하여금 계속 자신의 말에 주목하게 하는 효과가 있다. 눈을 직시하기 때문에 당당하고 솔직하다는 이미지도 동시에 전달되는 것이다. 그러나 상대방이 대화 중 눈을 피하거나 다른 곳을 바라본다면, 일단 상대방이 자신의 말에 싫증을 느끼거나 관심이 떠났다는 것을 의미한다. 이것을 뒤집어서 생각해 보면 때로는 말이 감정을 속여도, 눈은 절대로 속이지 않는다는 의미가 된다. 상대방의 눈을 주의 깊게 보자.

잠깐의여유

만약 사람의 참된 마음을 알려고 할 때는 당신과 이야기하고 있는 그 사람의 얼굴을 관찰하라. 모름지기 사람은 얼굴보다는 말을 훨씬 더 잘 꾸미기 때문이다.

−체스터필드

③
귀와 함께 생각의 문을
활짝 열어 두어라

우리는 귀로 모든 소리를 다 듣는다고 생각한다. 그러나 그것은 착각이다. 깊이 고민하고 있을 때나 오락에 집중했을 때, 관심있는 신문기사를 보고 있을 때, 누구나 한 번쯤은 옆에 있는 사람들이 하는 이야기를 놓친 경험이 있을 것이다. 음악을 틀어놓고 일하다 보면 어느 틈엔가 노래가 벌써 지나갔나고 생각할 때도 있다. 그런가 하면 여러 소리가 들리는 가운데 멀리서 들리는 아주 작은 소리를 잡아낼 때도 있다.

들리는 것을 귀가 다 듣는 것은 아니다. 귀는 놀랄 만큼 소리를 걸러서 듣고 있다. 그러면 어떤 소리를 듣는 것일까? 바로 내가 듣고자 의도한 소리를 듣는다. 이 이야기는 반대로 뒤집으면 내가 의도한 바가 있으면 거기에 해

19

당하는 소리만 듣고 나머지는 버린다는 것을 의미하기도 한다. 만약 상대방이 하는 이야기를 정확하게 듣기를 원한다면, 당신이 무엇을 듣겠다는 의도를 버리는 것이 좋다. 어떤 말을 들을 것인지 미리 기대하고 상대방의 말을 듣게 되면, 자신도 모르는 새 상대방의 말을 왜곡해서 들을 수도 있기 때문이다. 이런 일이 벌어지면 좋은 대화 상대로 받아들여지지 못할 뿐아니라 원활한 대화가 이루어지지 않을 수도 있다.

그러나 상대방의 말을 듣기 위해서 충분히 주의를 기울일 필요가 있다. 제대로 듣고 있지 않다고 생각되는 사람과 대화할 사람은 아무도 없다. 당연히 잘 들어주지 않는 사람의 이야기는 호감을 주기보다는 때로는 거부감을 준다. 대화를 위해 귀를 열어 두고, 상대방의 말을 느껴야 한다.

치친 간의 여유

인간은 입이 하나 귀가 둘이 있다. 이는 말하기보다 듣기를 두 배 더 하라는 뜻이다.

– 탈무드

목소리는 상대방 마음을
끌어당기는 자석이다

말은 자신의 목소리와 분위기, 손짓이나 표정 등의 움직임이 종합적으로 합해져 상대방에게 하고자 하는 말을 들려주는 셈이다. 가장 기본이 되는 것은 역시 목소리일 수밖에 없다. 물론 목소리가 좋아 성우나 배우 못지 않게 상대방에게 호감을 줄 수 있다면 가장 좋겠지만, 누구나 성우나 배우처럼 좋은 목소리를 타고 날 수는 없는 법. 그렇다면 원래 타고 난 목소리를 이용해서 상대방을 사로잡을 수 있는 방법을 생각해야 한다.

첫 단계는 신뢰를 줄 수 있는 목소리를 내는 것이다. 상

21

대방에게 좋은 인상을 주기 위해선 신뢰감 있는 목소리가 필요하다. 어떤 목소리가 신뢰감이 있는지 주변에서 그 사례를 찾아보자.

흔히 들을 수 있는 안내 전화나 권유 전화를 생각해 보자. 전화로 이루어지는 이런 대화는 상대방의 얼굴을 볼 수 없기 때문에 목소리와 태도가 가장 중요하다. 특히 어떤 목적을 갖고 있기 때문에 전화기 너머의 상대방을 설득하기 위한 화술의 테크닉이 없으면 성공하기 힘든 것이 바로 이런 대화다. 이런 전화를 받게 되면 상대방의 목소리 이전에 그 사람의 발음이 먼저 귀에 들어올 것이다. 특히 상대방의 발음이 명확하지 않고 목소리가 작고 말끝을 흐린다면 당장 의심부터 들게 될 것이다. 이처럼 상대방에게 신뢰를 주기 위해선 먼저 정확한 발음이 중요하다. 평소에도 정확한 발음으로 말하는 습관을 들이고 말을 중간에 흐리지 않고 끝까지 정확하게 문장을 구사할 필요가 있다. 그래야 상대방이 내 말에 귀를 기울이고 내용을 들어주게 되는 것이다.

쉬어가는여유

이야기를 할 때마다 첨가되는 양념은 어떤 언어를 사용하든지 간에 나타나는 언어의 특징이다.

– 세르반테스

5

상대방의 말에 반응해야
대화의 맛이 산다

말, 그리고 상대방과의 대화는 목소리로만 이루어지는 것이 아니다. 대화는 상호작용이다. 대화가 이루어지기 위해서는 내가 원하는 의미를 소리나 몸짓으로 전달하는 것이 필요하다. 말을 할 때 누구나 어느 정도 상대방의 반응을 기대하기 마련이다. 당연한 말이지만, 의외로 대화할 때 이것을 잊어버리는 경우가 있다. 상대방의 이야기에 적절하게 대답하거나 반응을 보이는 것을 잊었던 경험은 없는가? 아무도 벽을 바라보고 혼자 이야기하길 바라는 사람은 없다. 대화의 맛은 서로 적절한 반응을 하면서 뭔가 일치감을 느낄 때 맛볼 수 있는 것이다. 이렇게 해야 내가 이야기하는 것에 대해서 상대방이 더 호의적인 태도를 보인다.

그러므로 내가 하고자하는 이야기보다 더 신경써야 하는 것은 상대방의 이야기에 대한 적절한 반응이다. 물론 이때 내가 이야기하고자 하는 핵심을 놓치고 상대방의 논리에 이끌려가서도 안 된다.

아침에 차 한 잔 마시면서 오늘 만날 사람에 대한 생각을 정리할 수 있다. 상대방에 대한 정보들을 정리하면 대화를 내가 원하는 방향으로 이끌어갈 수 있게 된다.

차 한 잔의 여유

군자는 말을 잘하는 사람의 말에만 귀를 기울이지 않고 말이 서툰 사람의 말에도 귀담아 듣는다.

– 공자

6

나의 개그 어록으로
마음의 여유를 만들어라

　대화를 하면서 상대방의 모든 이야기를 다 거부하겠다고 마음먹는 사람은 거의 없다. 보통 사람들은 내가 하는 이야기를 존중해 주는 사람의 이야기에 더 집중하는 경향이 있다. 말을 잘하기 위해서 신경쓰는 사람들이 실수하기 쉬운 것이 바로 여기에 있다. 자신이 무슨 이야기를 하고 싶은지 그 이야기 목적에만 신경쓴 나머지 상대방에 대해서 배려하지 못하는 것이다.

　흔히 말을 잘하는 사람은 유머 감각이 있는 사람이라고 말한다. 그러나 유머 감각은 그냥 나올 수 있는 것이

25

아니다. 스스로 마음에 여유가 있어야 다른 사람의 이야기에도 관대하게 반응할 수 있고, 발상 전환도 가능하다.

사람들은 자신에게 호의가 있는 사람에게 긍정적인 반응을 보인다. 자신을 싫어하거나 꺼리는 사람에게 호의를 보이는 사람은 없다. 그러므로 상대방에 대해서 긍정적인 마음을 가지고 마음에 여유를 가질 필요가 있다.

아침에 차 한 잔을 마시는 여유를 갖고 유머 한 토막이나 개그 어록을 만들어 보자.

유머는 상대방과의 거리감을 좁혀줄 뿐만 아니라 상대방에게 나에 대한 긴장감이나 적대감 등을 없애주는 역할을 한다. 유머를 통해 마음의 여유를 찾게 될 것이다.

차 한 잔의 여유
군자는 말이 행함보다 앞서는 것을 부끄러워한다.

— 공자

⑦ 아무리 좋은 말도 목적에서 벗어나면 잔소리로 들린다

대화를 하다보면 이야기의 흐름이 예상치 않은 방향으로 흘러가기도 한다. 순수하게 시간을 보내기 위한 잡담이라면 모르지만, 목적을 잃은 대화는 활력을 잃게 되고 무의미해진다.

물론 그냥 가벼운 잡담이라도 예상치 않은 방향으로 흐른다면 실수할 수도 있다. 가벼운 마음으로 말을 하다가 누설치 말아야 할 비밀을 입에 올려 낭패를 보는 경우가 바로 이런 경우다.

따라서 상대방과 말을 할 때는 대화의 목적을 잃지 말아야 한다. 또 사람은 어떤 형태든 목적에 의해서 움직인다. 대화의 목적에 적절한 대화는 양쪽 모두에게 유익하다는 느낌을 준다. 상대방이 대화의 목적을 정확하게 잡

아낼 수 없다면, 대화는 시간 낭비로까지 느껴질 수 있다. 나도 대화의 목적에 대해서 정확하게 인지하고 있어야 하지만, 더불어서 대화하고 있는 이야기 자체도 선명한 목적성을 가지는 것이 좋다.

상대방을 설득하거나 자신의 의견을 제시할 때는 더욱 그렇다. 목적을 잃고 횡설수설 한다면 대화 기술이 뛰어난 상대방에게 설득당하기 일쑤일 것이다. 그러므로 내가 무엇인가 목적을 가지고 말하고 있다면, 그리고 그것을 상대방에게 바르게 전달하고자 한다면 그 목적을 잊어서는 안 된다.

차 한 잔의 여유

한 마디의 말이 맞지 않으면 천 마디의 말을 더 해도 소용이 없다. 그러므로 중심이 되는 한 마디를 잘 생각해서 해야 한다.

– 채근담

철저하게 준비해야
위기상황을 극복한다

대화는 어떤 면에서 흥정과 비슷하다. 상대방에게 나의 의도와 생각을 말로써 전달하고, 상대방은 나에게 그에 따른 생각을 다시 말로 전해 주게 된다. 따라서 대화에는 전략이 필요하다.

사업상 중요한 PT(프레젠테이션: Presentation)나 나를 보여줘야 할 면접장에서는 이런 대화의 전략이 큰 효과를 발휘한다. 무작정 뛰어들어 대화에 임하기보다 어떻게 분위기를 이끌지를 생각해 보고 적절한 질문과 답을 생각해 두는 것이 좋다. 상대방의 관심을 끌기 위한 말,

그리고 상대방의 반응을 적절히 받아들이는 말, 상대방을 설득해야 하는 말 등 각 부분에 전략을 세워 둔다면 더욱 효과를 발휘할 것이다.

또한 내가 원하는 것을 얻기 위해서 패를 감추고 적절한 때에 꺼낼 필요가 있다. 이런 전략을 미리 생각해 두고 대화에 임해야 한다.

아침에 차 한 잔 마시는 여유를 갖고 전략에 필요한 전술을 구체적으로 생각해 보는 것도 좋다.

예상 대화를 생각해 보고 어떤 대답을 할 것인지를 준비하면 그날의 만남은 성공적으로 끝날 것이다.

_차 한 잔의 여유_

우리가 계산할 때 '충분히 생각하고' 계산하는지 '앵무새처럼' 계산하는지에 대해 아무도 생각하지 않는다.

– 비트겐슈타인

9

타이밍의 주도권을 잡아라

재미있는 이야기를 잘 하는 사람과 그렇지 않은 사람들의 이야기를 잘 들어보자. 재미있는 이야기를 잘 하는 사람은 뜸을 잘 들인다. 이야기의 강약을 조절하면서 자기가 하고자 하는 이야기 중에서 중요한 곳을 강조해 가면서 이야기를 하기 때문에 상대방에게 이해할 시간을 가질 여유를 준다. 중요한 포인트에서 살짝 시간을 끌어주면서 상대방의 기대를 높인다. 그리고 반전 포인트 이후엔 상대방이 웃을 수 있는 시간을 준다. 대화에서 적절한 타이밍 조절은 대화에 활력을 더해 주기 마련이다. 따라서 말을 할 때 상대방의 반응까지 예상해서 충분한 시간을 할애해야 한다.

남을 설득할 때도 마찬가지다. 상대방이 나의 제안을

31

나중에 생각하는 것보다 지금 생각하는 것이 나에게 더 유리한 결과를 가져올 수 있다. 상대방의 고려에 대해서 내가 적절하게 대응하면서 설득할 수 있는 기회가 더 많이 주어지기 때문이다. 그렇다면 상대방을 설득하는 중에 상대방이 충분히 생각할 수 있는 시간을 주는 것이 좋다.

이렇게 상대방에게 충분히 생각할 시간을 주기 위해서는 바짝바짝 침이 마르는 인내의 시간을 이겨내야만 한다. 특히 협상 테이블에서 타이밍을 나의 것으로 하기 위해서는 인내력 싸움에서 이겼을 때 비로소 가능하다.

차 한 잔을 마시는 아주 짧은 시간이 하루하루 쌓여 나갔을 때 인내력은 쉽게 발휘될 수 있다.

차 한 잔의 여유

과장에는 과장으로 대처하라. 재치 있는 말은 상황과 경우에 따라 사용되어야 하며, 이것이 바로 지혜의 힘임을 알라.

―그라시안

⑩ 공통의 관심사를 만들자

초면인 사람과 만나 대화를 나눌 때 어떤 경우가 가장 즐거웠는지를 생각해 보자. 가족이나 살고 있는 동네 이야기, 취미 같은 소위 호구 조사는 서로를 탐색하기 위한 절차이긴 하지만 너무 일반적인 주제다. 이런 대화는 초면에만 어느 정도 나눌 수 있지만 상대방과 즐거운 대화를 나누기에는 역부족이다.

그렇다면 어떤 대화가 가장 좋을까?

현재 상대방의 관심사가 무엇인지를 파악해 관심 있는 주제로 같이 대화를 나누는 것이 좋을 것이다. 따라서 지금 현재 상대방의 관심사가 무엇인지 빨리 파악할 필요가 있다. 만약 상대방이 내가 이야기하고자 하는 주제에 관심이 있다면 이야기는 쉽게 풀릴 수 있다. 자연스레 친

밀한 대화를 나눌 수 있고, 감정적으로도 가까워지기 마련이며 대화에 활력이 생긴다.

그러나 상대방이 언제나 나와 공통의 관심을 가진다는 보장은 없다. 그렇다면 내가 할 이야기에 관심이 없는 상대방을 만난다면? 내 주제로 상대방을 이끌어 들여 관심을 갖도록 하는 것이다. 이때 상대방의 관심을 어떻게 끌어오느냐가 말을 잘하고 못하고를 결정짓는 척도가 된다.

아침에 차 한 잔 마시면서 오늘의 뉴스거리를 찾아본다. 오늘 만날 사람이 어떤 직업을 갖고 있는지, 정치, 경제, 사회 어떤 분야에 관심이 있는지를 미리 생각하고 그와 관련된 뉴스거리를 찾아 놓으면 오늘의 만남은 성공적이 될 것이다.

차 한 잔의 여유

화술은 단순한 언어의 유희나 심리적인 마술이 아니라 상대방과의 인간관계의 조화를 실현시키기 위한 자기 표현의 기술이며 연출이다.
- 홍서여

11

진정한 프로는 상대방의 수준에 맞출 줄 아는 사람이다

'저 혼자 떠들어 대고 마는 푼수'라는 말을 듣는다면 대화의 기본이 없이 말하는 사람이라는 얘기다.

말은 상대방이 제대로 알아들을 수 있게 하라. 이건 기본적인 상식이다. 그런데도 적지 않은 사람들이 의외로 이 점에 주의를 기울이지 않는다. 상대방의 지적 수준이란 것을 너무 모호하게 받아들이기 때문이다.

쉽게 생각하자.

상대방이 이해할 수 있게 이야기를 해야 한다. 증권에 관심 없는 사람에게 주가 동향을 숫자와 전문 용어를 섞

35

어 얘기한다면 어떻게 되겠는가? 상대방이 관심을 잃는 것은 물론, 심하게는 무례한 사람이라는 인상까지 심어 줄 수 있다.

따라서 대화를 할 때는 상대방의 나이나 학력 수준, 직업 등을 고려하여 상대방으로 하여금 부담이 되는 질문은 피하고 상대방이 이해하기 어려운 얘기를 늘어놓는 것도 피해야 한다. 대화한 나만 만족스러워서는 결코 안된다는 것을 명심해야 한다.

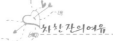

친한잔의여유

그 사람의 말을 듣고 그 사람의 눈동자를 보면 그 사람을 알 수가 있다. 그 사람이 어떻게 해서 자기를 숨길 수가 있단 말인가.

－ 맹자

12

비호감을 호감으로 만들었을 때
성공이 보인다

사람은 감성을 지니고 있기에 자신이 갖는 느낌에 의해 이끌리곤 한다. 그 단적인 예가 바로 호감을 갖고 있는 상대방의 이야기에 더 호의적인 반응을 보인다는 것이다.

첫인상이 좋은 사람에게 관심이 가고 말문이 쉽게 열리는 것과 같은 의미이다. 상대방으로부터 호감을 이끌어내기 위해서는 좋은 인상을 줄 필요가 있다. 목소리나 외모 등 외부적인 조건도 중요하겠지만, 이런 부분에 자신이 없는 사람이라면 호감을 주기 위한 다른 요소를 고려해야 한다.

요즘 방송에서 비호감이었던 사람이 어느 순간 호감의 대열에 서 있는 경우를 자주 보게 된다. 그들의 성공 전략을 들여다보면 끊임없는 자기 노력이 있었음을 알 수 있다. 비호감을 벗어나기 위해 유머를 찾아내기도 하고 다른 호감가는 장점을 부각시키는 등 부단한 노력 끝에 호감가는 방송인으로 거듭나게 되었다.

이렇게 대화에서 유머를 사용하는 것도 상대방의 호의를 이끌어내기 위해서이다.

또한 적절한 친절함, 단어 선택의 신중함 등도 상대방에게 호감을 줄 수 있는 요인이 된다.

상대방이 나에게 어느 정도 호감을 가지고 있는지 대화가 시작된 직후에 파악할 필요가 있다. 상대방이 나에게 호의가 있다면 바로 이야기의 핵심으로 들어갈 수 있지만, 그렇지 않다면 상대방의 호의를 이끌어낼 전략이 필요하다.

차 한 잔의 여유
말에 꿀을 발라 적에게도 기쁨을 주어라

– 그라시안

13

올바른 정보를 갖고
대화하라

남에게서 들은 얘기를 또 다른 사람에게 전하는 일은 철저히 삼가해야 한다. 설령 전해들은 이야기가 사실일지라도 이야기의 주인공인 당사자가 자신의 얘기가 다른 이들 사이에 돌고 있다는 것을 알게 되면 기분이 불쾌해지는 것은 당연하기 때문이다. 게다가 당사자로부터 직접 듣거나 확인하지 않은 얘기를 다른 이에게 전한다면 그것은 진위를 장담하기 어려우므로 자칫하면 헛소문을 퍼트리는 일이 될 수도 있다.

하지만 사람들 중에는 남의 얘기 하길 좋아하거나 헛소문을 퍼뜨리기 좋아하는 사람들이 있다. 또 사실을 확인하지 않고 마치 사실인양 쉽게 말하는 이들도 있다.

우리는 잘못된 정보를 주는 상대방과는 대화하려고 하

지 않는다. 이것은 상대방도 마찬가지이다. 거짓말쟁이나 허풍이 심한 사람은 어디서든지 신뢰받지 못하기 마련이다. 상대방을 믿지 못하면서 좋은 대화가 이루어지기란 불가능하다.

적어도 자신이 하는 말은 자신이 검증을 거쳐 신중하게 해야 한다. 특히 신용을 중시해야 한다면 더더욱 자신이 하는 이야기의 내용을 점검해야 한다. 남의 말을 무책임하게 옮기는 것도 좋지 않다.

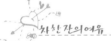

차 한 잔의 여유

올바른 말을 선택하면 상황에 따른 상대방의 반작용을 실질적으로 감소시킬 수 있다.

— 데이비드 J. 리버만

14
공동의 이익을 가져올 수 있는
대화는 빛이 난다

대화는 이야기에 참여한 사람들 서로에게 도움이 되거나 이익을 줄 수 있어야 한다. 자신의 생각을 정리하여 상대방에게 말하거나 상대방의 말을 들어주는 것은 시간이 투자되고 에너지가 소모되는 일이다.

시간이 넉넉해서 잡담을 늘어놓는 것이 아니라면 서로에게 얻어지는 것이 있어야 한다. 아무것도 얻어지는 것이 없는 대화, 내게 손해가 되는 대화를 하고 싶어하는 사람은 아무도 없다.

그렇다면 대화를 하고자 할 때는 사전에 대화를 위한 준비가 필요할 것이다. 무엇보다도 내가 왜 상대방과 대화를 나누어야 하는지 그리고 상대방에게 무엇을 줄 것인지에 대해서도 깊은 생각을 해야 한다.

아침부터 시간에 쫓기듯 일어나 아무 준비도 없이 상대방을 만나면 그날의 대화는 원하는 목표의 반도 달성하기 힘들 것이다.

아침에 차 한 잔 마시면서 스스로의 마음을 정리하고 오늘 있을 만남에서 어떤 대화를 주고 받을 것인지 생각한다면 조급하지 않고 여유있는 대화를 하게 될 것이다.

차 한 잔의 여유

사람들은 우리의 언어를 하나의 오래 된 도시로 간주할 수 있다. 작은 길과 공터, 오래 된 새로운 집, 그리고 여러 시대를 통해서 증축되어진 집들의 모퉁이, 그러한 이 도시는 규칙적인 직선 도로와 같은 모양을 한 집들로 채워진 수많은 새로운 교외 시가지에 의해서 둘러싸여 있다.

– 비트겐슈타인

15

집중해서 말하라

　성공에 있어서 가장 중요한 것은 집중이다. 일이든 사람과의 만남이든 집중력을 발휘했을 때 성공할 수 있게 된다.

　일을 할 때와 마찬가지로 대화를 나눌 때는 그 대화에 몰입하여 진지하게 해야 한다.

　대화를 할 때 건성건성 별 생각 없이 말을 하는 사람을 주위에서 보았을 것이다. 가족이나 친구 등 서로 이해하고 있는 상대방이라면 건성건성 말을 해도 양해해 주겠지만, 속으로는 이런 대화는 사실상 무의미하다고 생각

43

할지도 모른다. 더욱이 처음 만나는 상대방이나 어려운 사람일 경우 대화에 집중하지 않는다는 것은 큰 실례가 된다.

또 집중해서 말하면 말하는 능력이 늘게 된다. 자신이 어떤 말을 했을 때 상대방에게 반응을 불러일으킬 수 있는가 하는 것을 스스로 느낄 수 있기 때문이다. 화술은 대화 속에서 늘어나기 마련이다.

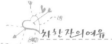

나만의 대화법으로 성공을 낚자

＊대화하기 전에 이것만은 꼭 읽어보자.

01. 말을 할 때는 이성적이고 논리적인 사고를 하면서 말을 해야 한다.
02. 생각나는 대로 말하기 전에 잠깐 3초만 멈추고, 심호흡을 한 후 무슨 말부터 할지 정리한다.
03. 불만이나 푸념 섞인 말이나 부정적인 말은 가능한 한 사용하지 않는다.
04. 목소리에도 생각이 담겨 있다. 목소리의 속도와 높이, 그리고 크기를 잘 조절해서 말한다.
05. 말이 길어지면 실수가 나오게 되어 있다. 간결하고 명확한 문장으로 대화를 한다.
06. 상대방의 반응에 적절히 대응하면서 말한다.
07. 평소에 대중 앞에 서는 연습을 자주 한다.
08. 보다 넓고 깊은 안목으로 세상을 관찰하여 이야깃거리를 많이 만들어 둔다.
09. 심각한 이야기에도 때로는 유머를 섞어 긴장을 없애는 여유를 가져야 한다.
10. 친한 사이일수록 예의를 잃지 않는다.

＊대화할 때 이것만은 주의하자.

01. 화가 난 상대방의 말을 감정적으로 맞받아 치지 않는다.
02. 상대방도 내 생각과 같을 것이라고 속단하지 않는다.
03. 사전 준비없이 어떤 상황을 돌아가는 대로 대충 말하지 않는다.
04. 지나치게 스스로를 과소평가하는 말을 쓰지 않는다.

05. 상대방에게 말할 기회를 주기보다는 자기 말을 앞세우려 하지 않는다.

06. 무의미한 단어를 쓸데없이 반복하지 않는다.

　　예를 들어 "저기요…", "어…" "음…" "있잖아요…" 등등.

07. "…인 것 같다"라는 불확실하고 자신없는 말을 피한다.

08. 〈6W,1H원칙〉을 적용해서 말을 하도록 한다.

　　누가(WHO), 무엇을(WHAT), 어디서(WHERE), 언제(WHEN), 왜(WHY), 누구에게(WHOM), 어떻게(HOW).

09. 바디 랭귀지는 대화의 윤활유이다. 적절한 바디 랭귀지를 활용한다.

10. 공통의 화제나 관심사를 빨리 찾아내어 대화를 부드럽게 진행해 나간다.

이런 대화는
성공을 방해한다

대화는 사람과 사람이 얼굴을 마주하고 서로의 가슴을 열어 보이는 일인 만큼 매우 중요한 일이다. 특히 대화는 '말'이라는 매개체를 통해 서로의 감정이나 생각을 전달하고 받아들이는 과정이기 때문에 조심해야 할 것이 많고 하지 말아야 할 말이나 행동도 있다. 말이나 행동은 한번 던지고 나면 엎질러진 물처럼 다시 주워 담기 힘들다.

2

16

일방적인 수다는 NO!
말을 아껴라

화술을 이야기하면서 '말을 아껴라'고 한다면 이상하게 생각할지 모른다. 하지만 말을 하는 것보다 중요한 것이 다른 사람의 이야기를 듣는 것이다. '말을 아껴라'는 것은 자기 이야기만 늘어놓기보다 남의 이야기도 많이 들어주라는 얘기다.

현대는 쌍방향 커뮤니케이션의 시대로 이야기는 서로 주고 받아야 한다. 자기 이야기만 줄줄이 늘어놓으면 듣는 사람이 지루할 수 있다. 아무리 좋은 이야기라도 일방적으로 이루어진다면 듣는 사람의 집중력이 흐트러질 뿐만 아

49

니라 남을 배려하지 않는 사람으로 꼽히기 십상이다.

성공한 사람들을 보면 말을 하는 것보다 주로 말을 듣는 편에 속한다. 화술이 뛰어난 사람은 상대방으로 하여금 말을 많이 하게끔 유도해낼 줄 안다. 이야기를 많이 듣게 되면 상대방에게도 좋은 인상을 줄 뿐만 아니라 이야기를 통해 많은 정보를 얻게 되기 때문이다. 간단한 상식이나 화젯거리부터, 중요한 정보까지 다양한 내용을 얻을 수 있는 것이다. 또 상대방이 말하는 동안 자신의 생각을 정리할 수 있고, 함부로 말실수를 하게 되는 위험도 줄일 수 있으니 일석이조다.

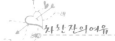

다른 사람의 말을 잘 들어주는 사람은 파도를 일으키지 않는 조용한 바다와 같다.

—그라시안

17

포장된 말은 NO!
솔직함으로 승부하라

아름답게 치장하여 화려한 자태를 드러내지만 속이 빈 사람보다는 점잖은 옷차림에 내면이 충실하여 매사에 진지한 사람을 좋아한다. 대화도 마찬가지다.

아름답게 꾸며서 가식적으로 말하는 사람보다는 진실한 말로 감동을 전해 주는 사람을 좋아한다.

수백 마디의 달변보다 솔직 담백한 한 마디가 더욱 진한 감동을 줄 수가 있다. 오히려 뻔히 보이는 미사여구와 꾸민 말은 상대방을 질리게 할 수도 있다. 솔직담백하고 진실한 말이 더욱 강력한 효과를 발휘할 수 있는 것이다.

51

꼭 필요한 말을 하되 간단명료하게 말하며 가급적 쓸데 없는 사족을 달지 않아야 한다.

또 솔직함은 다른 곳에서도 통한다. 거절과 부탁의 경우 어정쩡한 대답은 오히려 역효과가 난다. 상대방이 진짜 생각을 바르게 파악하지 못하기 일쑤이고, 어설픈 대답은 상대방에 대한 예의도 아니다. 부탁에 대한 거절은 상대방에게 미안하다는 진심을 담아 예의바르고 확실하게 해주는 것이 좋다.

상대방을 설득할 때 솔직함은 큰 무기가 될 수 있는데, 대화를 할 때 상대방의 눈에 맞춰 확실한 어조로 말한다면 솔직한 사람으로 비춰져 긍정적인 효과를 얻을 수 있다. 미사여구나 현학적인 표현으로 치장을 하는 것은 오히려 역효과가 나기 쉽다. 솔직함으로 유머 감각을 발휘하는 것도 대화 테크닉일 뿐만 아니라 성공으로 가는 정도이다. 솔직하게 유머를 표현하되 상대방에 대한 무례가 되지 않도록 주의한다.

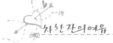
잠시간의여유

진실이 있는 말은 결코 아름답게 장식하지 않고, 화려하게 장식한 말은 진실이 없는 법이다.
— 노자

18

자기 자랑은 NO! 상대방보다
자신을 낮추되 비굴해서는 안 된다

남과 더불어 살아가다 보면 상대방에게 호의적인 감정을 얻어내야 할 경우가 많다. 이럴 때 상대방에게 자신이 더 좋지 못한 입장에 놓여 있다는 것을 인식시킴으로써 호감을 얻을 수 있다.

체스터필드는 "사람은 가르치지 않는 것 같으면서 은밀히 가르쳐야 잘 배우며, 상대방이 모르는 것을 잊어버린 것처럼 인정해 줘야 잘 받아들인다." 는 말을 했다. 이 말은 남에게 지혜로운 척 잘난 척하면 호감을 얻지 못한다는 말이다.

이 말은 일상생활에서도 공감하는 사람이 많을 것이다. 상대방이 실수를 했을 때 상대방의 입장을 생각하지 않고 그냥 지적하게 되면 아주 친한 사이여도 쉽게 받아들

이지 못하게 된다. 상대방보다 우월하다는 생각을 버려라. 상대방을 존중해 주며 인정해 줘야 대등한 대화를 할 수 있고 만남을 성공으로 이끌어낼 수 있다.

그러나 지나치게 스스로를 과소평가 하는 말을 써서는 안 된다. 상대방은 그럴 생각이 없다고 하더라도 이런 표현을 듣다보면 은연중에 무시하는 일이 생길 수도 있다. 또한 겸손한 상대방이라면 이런 대화에 불쾌감을 느낄 수도 있다. 상대방을 인정하고 자신을 낮추되, 지나친 과소평가는 피하자.

아침에 차 한 잔 마시면서 자기 스스로를 다스릴 수 있는 평정심을 길러보자.

스스로를 낮추되 비굴하지 않고 상대방을 높이되 자만하지 않게 하는 방법은 명상을 통해 쌓아나갈 수 있다.

차 한 잔의 여유

군자는 자기가 말한 것이 지나친 것을 부끄러워 해야 한다. 실행하지 않는 말을 삼가고 말 이상으로 실천하도록 힘쓴다.

– 논어

19

지적은 NO! 질문은 YES!
지레짐작으로 주눅들 필요는 없다

사람들이 열등감을 갖는 원인은 대부분 타인의 지적이나 평가에서 나타난다. 더욱이 의지가 약하고 자기를 객관적으로 판단할 수 없는 사람에게서 이러한 증상은 심하게 나타난다. 상대방과의 대화에서는 열등감을 느끼지 못하더라도 상대방이 자신의 약점을 지적하면 말할 용기와 의욕을 잃고 마는 것이다. 특히 타인의 평가에 민감한 사람일수록 열등감이 심하고 대화에도 문제가 있기 마련이다.

조그만 핸디캡이라도 상대방에게는 크게 작용할 수 있다. 꼭 신체적 약점이나 성격상 문제가 아니더라도 대화 중 상대방에게 지적을 받게 된다면 대화의 활력을 잃고 자신감을 잃게 된다. 그리고 계속 대화할 의욕을 잃게 되

는 것이다.

그렇더라도 대화 중 의문점이 생기거나 물어볼 것이 있다면 적극적으로 하는 것이 좋다. 상대방에게 질문을 하는 것은 상대방의 말을 잘 듣고 있다는 뜻이며, 대화를 활기차게 만들 수 있고 흥미를 더할 수 있다. 지레 짐작으로 넘어가지 말고, 확실하게 파악하려고 노력한다는 모습을 보이는 것이 중요하다. 그래야 자기 말에 관심이 있다는 것을 상대방이 알고, 공감 수준도 넓어진다.

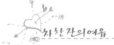

착한 잠의 여유

경쟁심이나 허영심이 없이 다만 고요하고 조용한 감정의 교류만이 있는 대화는 가장 행복한 대화이다.

―릴케

20
간섭과 비판은 NO!

성공한 부부나 성공한 삶을 살았다는 사람들을 보면 남의 일에 간섭하거나 비판하지 않고 남의 충고나 조언은 겸손하게 받아들인 것을 알 수 있다.

부부 사이에도 서로를 간섭하고 비판하는 것은 금물이다. 부모가 자식에게, 친구가 친구에게도 이것은 마찬가지이다. 아무리 가까운 사이라 할지라도 충고나 조언은 할 수 있어도 지나친 간섭과 비판은 환영받지 못한다.

사람들은 보통 사생활에 대해 비판하면 매우 예민하게 받아들인다. 설사 악의 없이 내뱉은 말이라 해도 몹시 불

57

쾌해 한다. 하물며 자신이 지나치게 간섭받고 있다고 생
각되면 누구라도 화가 날 것이다.

사람들은 일반적으로 자존심에 상처를 받았을 경우. 또
는 지나친 간섭이 있을 때 가장 많은 스트레스를 받는다.
따라서 상대방에게 충고하거나 비판할 때는 간섭한다는
인상을 주지 않도록 주의해야 한다.

아침에 차 한 잔 마시는 아주 짧으면서도 소중한 시간
만큼 그 누구로부터도 간섭을 받지 않는 경우도 없을 것
이다.

아주 짧은 시간이지만 자기 자신을 돌아보고 하루를
준비하기에는 충분한 시간이 된다.

차 한 잔의 여유

충고는 좀처럼 환영받지 못한다. 더구나 그것을 가장 필요로 하는 사
람들이 그것을 가장 싫어한다.
— 체스터필드

21

감정적인 대응은
화를 불러온다

사람은 감정의 동물이다. 때문에 늘 상대방과의 대화가 항상 호의적으로 진행되리란 법은 없다. 치열한 토론의 장이 될 수도 있고, 화가 나 있는 상대방을 어떻게든 설득해 진정시켜야 하는 경우도 있다. 이럴 때 상대방의 감정에 휩쓸려 같이 화를 내거나 감정적으로 맞받아 치는 것은 절대 금물이다.

가령 화가 난 상대방에게 똑같은 감정으로 맞선다고 하자. 말이 오고갈수록 더욱 수위가 높아지는 것이 말의 속성이고 보면 오고가는 말 때문에 더욱 크게 화를 낼 수

59

밖에 없는 상황으로 치닫고 말 것이다.

'가는 말이 고와야 오는 말도 곱다'는 생각으로 배짱을 부리면 대화가 될 리가 없다. 감정적으로 고조된 상대방에게 제대로 응대해 대화를 이끌어 가려면 오는 말이 험한 말이라도 고운 말로 받아들여야 한다. 그러다 보면 상대방도 감정을 진정시킬 수 있을 것이고, 내 말을 듣기 마련이다. 여기에 적절한 타이밍의 재치를 발휘하면 상대방의 감정을 가라앉히는 데 효과적이다.

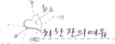
차 한 잔의 여유

귓속에 항상 귀에 거슬리는 말을 넣고, 마음속에 항상 마음에 꺼리는 일을 지니면 비로소 이것이 덕망을 닦아 빛나는 숫돌이 되리라.

—채근담

22

충분한 생각이
풍부한 대화를 가져온다

처음 만나는 사람과의 대화는 서로의 정보가 부족하기 때문에 아무리 붙임성 좋은 사람이라도 즐거운 대화를 이끌어내기 쉽지 않다.

첫 만남에서 가장 중요한 것은 상대방이 호감을 갖도록 하는 것이다. 그러기 위해서는 먼저 나를 표현해서 대화를 열어 두는 것이 필요하다.

그리고 대화에 있어서 약간의 기술이 필요한데, 이럴 때는 단답형이 나올 수 있는 질문을 피하고 대화를 만드는 질문을 하는 것이 좋다.

YES, NO 등 단답형이 나오는 질문은 대화의 맥이 끊기기 십상이다. 또한 대답에 있어서도 상대방이 대화를 이어갈 수 있는 답을 주는 것이 좋다.

아침에 차 한 잔 마시는 나만의 시간을 통해 그날 그날의 주제를 만들어가는 것도 좋다.

오늘 만나는 사람이 누구인지를 파악하고 함께 나눌 대화의 주제를 미리 생각해두면 상대방이 어떤 사람이더라도 대화가 끊어져서 서먹해지는 분위기를 만드는 일은 없을 것이다.

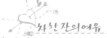
차 한 잔의 여유

네가 한 언행은 너에게로 돌아간다. 즉 선에는 선이 돌아가고 악에는 악이 돌아간다.

– 증자

23

불평, 불만, 비난은
성공이라는 배를 침몰시킨다

　매사에 긍정적으로 생각하고 긍정적으로 받아들이려고 노력하는 것은 우리가 살아가는데 있어서 반드시 지켜야 할 마음의 자세다.

　모든 일은 마음 먹기에 달렸다는 말이 있다. 늘 부정적인 생각을 갖고 있는 사람들은 불평과 불만을 쏟아낸다. 이러한 부정적인 말들은 입으로 말할수록 더욱 커지고 전염병처럼 다른 사람에게 퍼져가기 마련이다. 때문에 대다수의 사람들이 불평과 불만을 일삼는 사람들을 싫어한다. 불평과 불만의 속성 때문이다.

부정적인 말을 자주 입에 담는다면 자신의 이미지를 망칠 뿐아니라 대화에 있어서도 상대방이 대응할 의욕을 잃게 한다.

　사람을 만나면 즐겁고 희망적인 메시지를 줄 수 있어야 하는데 부정적인 사고를 지닌 사람들은 오히려 분위기를 어둡게 이끌어가니 누구인들 좋아하겠는가.

　새로운 변화를 위한 비판은 필요하지만 매사를 부정적으로 보고 삐딱하게 말하는 습관은 자신과 주위 사람들을 힘들게 만든다.

차 한 잔의 여유

남의 약점을 비방하는 사람은 자신의 몸에서도 악취가 풍긴다는 사실을 모른다.

−그라시안

24

애매모호한 단어나 신세대 유행어는
공식석상에서 금물이다

대화에서 쓰는 문장은 짧고 간결할수록 좋다. 전달력도 확실해지고 깊은 인상을 남길 수 있기 때문이다. 단, 표준어이고 정확한 의미를 전달할 수 있는 말이어야 한다.

'그래 네 말이 맞다'라든가 '나는 시간이 없어서 참석 못한다'라는 식으로 말한다면 자신의 생각이나 입장을 깔끔하고 정확하게 전달하는 것이다.

하지만 '음…', '어…', '있잖아…' 등은 자신의 입장을 정확히 밝히지 않는 한 마디로 애매모호한 말이 된다. 이런 식의 말을 자주 하는 것은 좋지 않다. 대화의 초점이 흐려지는 것은 물론이고, 대화가 늘어지고 좋은 이미지를 주지 못한다.

특히 불확실한 표현을 쓰는 것은 더욱 좋지 않다. 불확

65

실한 분위기의 말을 남발하면 기본적인 신뢰도 얻지 못하기 때문이다.

더구나 친한 친구나 가족 사이의 대화와 달리 업무와 관련된 만남이나 협상 테이블에서 친구 사이에서 격의 없이 사용하는 비속어나 신세대들의 유행어를 사용해서는 안 된다.

친구들끼리는 재미있게 통용된 단어라 하더라도 공식 석상에서는 신뢰성을 떨어뜨릴 수 있으므로 사용에 자제해야 한다.

그러기 위해서는 아침에 차 한 잔 마시는 짧은 시간을 활용하여 언어 순화의 훈련을 하는 것이 좋다.

차 한 잔의 여유

애매한 말은 거짓말의 시작이다.

– 서양 속담

25
양보를 이끌어내는 거절은
성공의 지혜

대인관계에서 상대방의 부탁을 한마디로 잘라 거절하는 것은 예의가 아니다. 비록 들어줄 수 없는 어려운 부탁이라도 우선은 진지하게 들어주는 마음가짐이 필요하다.

부탁을 하는 상대방은 듣고 있는 자신이 가지는 부담보다 훨씬 큰 어려움을 마음속에 감춰 두고 있다. 그렇기 때문에 딱 잘라 거절하게 되면 마음에 커다란 못을 박는 상처를 줄 수 있다.

급격한 변화에 인간은 민감하게 반응하므로 기대했던 일이 순간적으로 허물어지게 되면 걷잡을 수 없는 허탈감에 싸이게 된다. 자기가 도저히 들어줄 수 없는 부탁이라도 적절한 이유로 먼저 부드럽게 상대방을 이해시킨 후 거절 의사를 밝히는 것이 좋다.

그러나 이것보다 더욱 효과가 높은 것은 먼저 상대방의 부탁에 대해서 수긍을 하는 것이다. 즉, 상대방에게 커다란 양보를 하는 것 같은 기분에 사로잡히게 만드는 것이다. 그러면 누구든지 자기의 무리한 부탁이 싱겁게 받아들여진다는 것에 일종의 죄의식을 느끼는 경우가 있다.

그 순간에 거절의 의사를 은근히 덧붙이면 마음의 반동 작용을 유발시켜 곧 부탁을 철회시킬 수 있다. 처음부터 단호히 거절의 의사를 표현하면 불쾌한 기분이 끝내 지워지지 않을 것이다.

잠시 한 잔의 여유

말하는 상대방의 말에 귀를 기울이고 또한 그 사람의 눈을 잘 지켜보면 그 사람의 성격을 알 수 있다. 사람들은 아무리 수단을 써도 말할 때만큼은 자신의 성격을 숨길 수 없기 때문이다.
– 맹자

26

인격에 상처를 입히는 말은
성공을 방해한다

사람이 실언하는 경우는 방심해서 말이 잘못 나오거나 울컥한 기분에 따라 나오는 대로 말하는 경우 두 가지로 나뉜다.

상대방에게 폭언을 하는 경우는 후자의 경우가 많은데 이럴 때 상대방의 인격에 치명적인 상처를 입히는 경우가 많다.

이런 말들은 한번 입 밖에 내면 관계 회복이 불가능하게 되고, 상대방의 반발을 초래할 수 있다.

만약 회사 내에서 아랫 직원의 잘못을 지적할 때, 감정

69

적으로 인격에 상처를 입힌다든가 하면 두 사람 사이의 관계는 딱딱해질 수밖에 없다. 또한 친구 사이에서도 상처를 주는 말, 특히나 상대방의 사람됨이나 인격을 비난하게 된다면 이 관계는 더 이상 유지될 수 없는 것이다.

따라서 상대방의 인격에 상처를 입히는 말은 절대 해서는 안 되는 금기이다. 상대방의 잘못을 지적하거나 충고를 할 때는 우선 감정 처리부터 이루어져야 한다. 감정이 들어가 있지 않은 상태에서 차분한 말투로 무엇이 잘못되었고 어떻게 했으면 좋겠다는 식으로 말해야 한다. 상대방의 단점을 부각시키거나 제3자와 비교하는 일은 상대방을 더욱 화나게 만드는 일이 된다.

친한 간의 여유

말이 입힌 상처는 칼이 입힌 상처보다 깊다.

– 모로코 속담

27

시각과 청각 대화법으로
성공 확률을 높인다

남의 이야기를 들을 때에는 대개의 경우 상대방이 눈앞에 있다. 결국 듣는 사람의 태도, 자세는 이야기하는 사람의 시각에 강한 영향을 준다.

우리가 흔히 볼 수 있는 모습 중의 하나가 팔짱을 끼고 듣는 자세다. 이는 이야기하는 사람의 시각에 마이너스 영향을 끼친다. 팔짱을 끼거나 눈을 감고 듣는 것이 '듣기 쉽다', '주의력을 집중하기 쉽다'라고 생각하는 사람도 있지만, 이야기하는 사람에게 그것은 저항감을 느끼게 한다는 사실을 잊지 마라.

어떠한 태도로 듣든, 똑똑히 듣기만 하면 된다고 생각하는 사람은 사고의 전환이 필요하다. 의사 소통이란 어떤 상황을 객관적으로 전할 뿐만 아니라 감정을 농도 짙

게 동반하는 성격을 지니고 있다. 잘 들어 준다는 소리를 듣는 사람들은 이야기하는 사람의 감정을 잘 받아내고 있는 사람들이다.

캘리포니아 대학 교수 알버트 멜라비언의 조사에 의하면 인간이 상대방으로부터 받는 충격 가운데 55퍼센트가 시각, 38퍼센트가 청각으로, 말의 의미로부터 받는 충격은 7퍼센트에 지나지 않는다고 했다. 이를 보더라도 이야기하거나 듣거나 할 때의 태도가 얼마나 중요한지 알 수 있다.

차한잔의여유

말도 행동이고 행동도 말의 일종이다.

— 에머슨

상황에 따라 성공할 수 있는 화술 테크닉

❋브리핑 할 때 성공 전략

- 브리핑 원고를 철저히 외워서 중간에 틀리지 않아야 한다.
- 청중을 바라보고 반응을 살피면서 강약을 넣어 말한다.
- 작고 기어들어가는 목소리는 금물, 크고 활발한 목소리로 말한다.
- 길게 늘어지면 주제에서 벗어나기 쉽다. 간단명료하게 보고한다.
- 브리핑할 때 나의 지식 자랑하는 곳으로 착각하지 마라. 딱딱한 한문, 문어체 용어는 풀어서 사용한다.
- 지루한 책 읽기 식 보고는 금물, 자연스럽게 말한다.
- 도표나 OHP 등 시각적 자료를 준비하되 최대한 단순하게 준비한다.

❋면접볼 때 성공 전략

- 취업하려고 하는 회사가 어떤 곳인지, 그 회사에 대한 정보를 수집한다.
- 회사는 능력과 열정있는 사람을 뽑는다. 일에 관한 열정을 드러낸다.
- 지난 경력을 늘어놓기보다 회사를 위해 어떤 이익을 가져올 것인가를 말하라.
- 너무 당당한 태도는 적대감을 가져올 수 있고, 비굴한 태도는 능력을 가리고 비겁한 인상을 주므로 금물이다.

❋협상할 때 성공 전략

- 질문을 정확히 이해하기 전에는 긍정의 표정을 짓지 않는다.
- 정중한 태도로 말한다.
- 지키지 못할 약속을 함부로 하지 않는다.
- 미리 요점을 정리해서 할 말을 준비한다.
- 유머를 사용해 분위기를 부드럽게 만든다.

즐겁게 성공하려면
이렇게 해라

대화를 나눌 때는 서로에게 도움이 되고 즐거워야 한다. 마음이 편하지 않으면 대화를 나누는 시간이 지루하고 지겹게 느껴질 것이다.

상대방이 불편해 안절부절 못한다거나 대화에 관심이 없어서 시선을 주지 않는데 아무리 유익한 말을 한들 무슨 소용이 있겠는가?

상대방을 대화 속으로 끌어들여 시간이 어떻게 흘러갔는지 모를 정도로 즐거운 시간으로 이끌어가는 것 그것은 바로 화술의 힘이다.

3

28

전문 분야를 아이들에게
이해시킬 수 있으면 그 분야에서 성공한다

대화 상대방이 누구냐에 따라 대화의 기술도 달라져야 한다. 특히 나이에 따라 이야기의 소재와 화술을 달리해야 하는 것이 중요하다.

어린이와 대화할 때는 특히 어린이들의 눈높이에 맞춰 대화하는 것이 중요하다. 우선 그들의 생활을 중심으로 해서 생각해 봐야 한다. 예를 들어 TV나 만화, 동화 등 아이들의 관심사를 이야기 도중 한두 개 정도 첨가하면 좋다. 가급적 이야기는 단문 형식으로 한 단락을 10~15초 정도로 나누어 짧게 해야 이해가 빠르다.

신세대와 대화할 때는 개인적 성격을 끝까지 살피고 대화해야 한다. 특히 신세대의 경우 말이 길어지는 것에 대해 잔소리로 오해할 수 있다. 간결한 문장에 신세대 유행어 등을 사용하는 것도 신세대들에게 다가가는 또 다른 방법이다.

보편적으로 단문 형식으로 짧게 이야기를 시작하며 말은 교과서적이고 표준적인 것은 피하도록 한다. 화제로는 여행, 유행, 외국에 관한 것 또는 스포츠에 관계된 것들이 좋다.

30세 전후에서 40대 초반의 장년층에게는 가능한 한 풍부한 화제를 준비하는 것이 바람직하다. 사회의 중추적인 역할을 하는 세대이므로 폭넓은 주제를 갖고 접근하는 것이 좋다. 이야기의 서두에서부터 곧바로 주제로 들어가는 것은 좋지 않다. 세상 돌아가는 이야기에 대한 질문 형식의 화제를 꺼내 상대방이 무엇을 생각하고 있는지를 파악하고, 상대방의 이야기를 열심히 경청한다는 자세를 보여주면 더욱 좋다.

40대 후반에서 60대 전반인 경우는 '존경하는 마음'이 우선되어야 한다. 그들의 경험담이나 특이한 기술, 능력 등을 존중해 주는 것이 좋으며, 특히 에티켓에 신경을 써야 한다. 가령 상대방의 말이 시대에 뒤떨어진다고 판단되어도 부정하지 말고 일단은 끝까지 진지한 자세로 듣도록 한다. 상대방이 자랑을 늘어놓을 경우에도 맞장구를 쳐주는 것도 좋다.

65세 이상의 노인들은 노인이라 불리는 것을 싫어해서 가급적 그런 류의 말은 피하도록 한다. 이들을 대할 때는 마음속에 노인을 위로한다는 자세를 갖고 천천히 조용하게 이야기하는 것이 좋다. 화제로는 가까운 가족이나 마을에서 일어난 일을 주제로 삼는 것이 좋으며 건강 상태에 대한 칭찬의 말도 잊어서는 안 된다.

아침에 차 한 잔 마시면서 하루에 한 가지씩 새로운 주제에 대해 생각하고, 뉴스 등을 통해 정보를 모으면 어느 분야, 어느 계층의 사람들을 만나도 성공할 수 있게 된다.

차 한 잔의 여유

시간의 참된 가치를 알라. 그것을 붙잡아라. 그리고 그 순간순간을 즐겨라. 게을리 하지 말며, 해이해지지 말며, 우물거리지 마라. 오늘 할 수 있는 일을 내일까지 미루지 마라.

– 체스터필드

29

적당한 시기와 분위기를
선택한다

함께 살아가는 사회에서 성공하려면 서로를 존중해 주
는 에티켓을 지켜야 한다.

협상테이블에서는 물론이고 친구 사이나 사랑하는 연
인 사이에서도 마찬가지다.

화가 나 있는 상대방에게 다른 잘못을 꾸짖거나 충고
를 한다면 상대방의 기분은 어떨까. 그야말로 엎친 데 덮
친 격이 된다. 인내력이 약한 사람의 경우 인내의 한계를
극복하지 못해 곧장 감정을 폭발시킬 것이다.

또 친구나 연인과 함께 있는데 제3자가 다가와 자신에

게 싫은 소리를 하거나 질타를 한다면 매우 당황스럽고 난감한 입장이 된다.

해야 될 말은 해야 하지만 때와 장소를 가려서 말하는 에티켓이 필요하다. 같은 말일지라도 분위기와 장소에 따라서 듣는 사람의 입장은 180도 달라지기 때문이다.

화술이 뛰어난 사람은 직감적으로 이런 말을 꺼내도 좋은 시기인지 적절한 장소인지를 판단해낸다. 그러나 반대로 흔히 '주책이 없다'는 소리를 듣는 사람들은 상대방의 기분은 전혀 고려하지 않고 자신의 기분만 고려해서 말을 한다. 한 마디로 화술이 형편 없는 사람인 것이다.

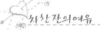

잠시 잠깐의 여유

누구도 자기가 하는 말이 다 뜻이 있어서 하는 것이 아니다. 그럼에도 자기가 뜻하는 바를 모두 말하는 사람은 거의 없다.

– H. 애덤

30
자신감은
성공적인 대화의 첫걸음이다

"말을 하려면 제대로 해봐. 뭘 그렇게 꾸물거려."

언젠가 당신이 이런 말을 들은 적이 있다면 이제부터는 달라져야 한다. 우리는 할 말은 자신있게 하는 사람을 현명하고 용기 있으며 진취적인 사람으로 생각한다. 특히 인간관계에서 상대방의 호감을 얻기 위해서는 자신이 건실하고 강한 자신감에 불타고 있다는 것을 보여주어야 한다. 그것은 바로 화술에서 보여줄 수 있다. 신념과 자신감에 차 있는 사람의 눈빛과 언어는 상대방을 압도할 뿐만 아니라 사람의 마음을 사로잡는 힘을 가지고 있으며,

자신감 있고 의지가 굳은 사람의 말은 훨씬 더 신뢰감을 준다.

사람은 자신감을 갖게 되면 스스로 자신이 다른 사람들에게 중요한 존재라고 느끼게 되는데 이것은 자만심과는 다른 심리적 우월감이다.

'나는 꼭 필요한 사람이다.', 혹은 '나는 할 수 있다.' 라는 자신감을 가지고 말할 때 상대방은 분명히 당신을 신뢰하게 되어 적극적으로 협조할 것이다.

친한 간의 여유

말 한 마디가 세계를 지배한다.

— 쿠크

31
침묵으로
대화를 극대화시킨다

수업 시간에 아이들이 정신없이 떠들어대면 교사는 더 이상 설명을 하지 않고 말을 끊는다. 그리고 한참동안 아이들의 얼굴만 바라본다. 어수선한 분위기에서는 큰소리로 말을 해도 말이 제대로 전달되지 않거니와 화를 낸다 해도 어수선한 분위기를 쉽게 가라앉히기 힘들기 때문이다.

대화를 할 때 가장 중요한 것 중 하나는 상대방의 주의를 집중시키는 일이다. 어떤 목적을 염두에 두지 않고 이야기한다면 별 문제이겠으나 대화란 나름대로 어떤 목적을 갖게 마련이므로 상대방이 자신의 이야기를 관심 있게 듣느냐 그렇지 않느냐는 중요한 문제다.

일반적으로 대화는 끊어지지 않아야 좋은 것으로만 알

고 있다. 그러나 심리학적인 측면에서 살펴보면 대화가 계속 진행된다고 해서 대화의 효과가 커지는 것은 아니라고 한다.

어떤 목적을 염두에 두고 대화를 시작하다 보면 목적을 이루려는 생각 때문에 조급해져서 대충대충 말하는 경향이 있다.

그러다 보면 궁극적인 목적에는 별 도움이 되지 않는 군더더기 말로 횡설수설하게 된다. 이럴 때는 잠시 동안 침묵하면서 생각을 정리한 뒤 대화를 계속해 나가는 것이 현명하다.

아침에 차 한 잔 마시면서 명상을 통해 '침묵' 할 수 있는 힘을 강화시킨다. 협상 테이블에서나 누군가와의 만남의 자리에서 침묵으로 대화를 극대화시켜 성공하게 하려면 평소에 '침묵' 할 수 있는 힘을 길러야 한다.

차한잔의여유

아는 자는 말하지 않고, 지껄이는 자는 알지 못한다.

– 노자

32
상대방의 존재를
인정하고 칭찬한다

상대방의 도움을 구하고자 할 때는 먼저 그 사람의 존재를 인정해 주어야 한다. 어떤 사람이든 자부심을 갖고 있는 것이 하나쯤은 있기 마련이다. 이런 점은 사람에 따라 상당히 다르다. 자신이 가진 능력일 수도 있고, 자신의 성격일 수도 있다. 드러내 놓고 자랑하지 않아도 자부심을 갖고 있는 것을 인정해 주는 것이 상대방의 존재를 인정해 주는 것이다. 이런 점을 미리 파악해서 칭찬해 주면 상대방에게 훨씬 적극적인 반응을 이끌어 낼 수 있다.

만약 직업이 이에 해당한다고 생각해 보자. 행복한 삶

을 살기 위해 사람들은 직업을 가지고 있다. 다른 사람에게는 평범한 직업으로 비춰질지라도 스스로는 천직으로 여기는 사람들이 많다.

그러나 작은 말이라도 상대방의 직업을 인정해 주는 말을 해 준다면, 상대방의 존재를 인정해 주는 것이고 어떤 부탁이든 수월하게 얻어낼 수 있다. 존재를 확인시켜 준다는 것은 어떤 칭찬보다 훨씬 적극적이고 솔직한 찬사적 의미를 갖는다.

찬사는 상대방의 존재를 인정하는 말로 시작해야 된다. 남에게 인정받을 때 인간은 가장 위대해지는 것이다.

잠시 한 잔의 여유

아름다운 말은 믿음직스럽다.

— 노자

33

분위기를 즐겁게 이끄는 사람이
주목 받는다

성공으로 가기 위해서는 대화가 매우 중요하다. 대화란 사람들끼리 말을 주고받으며 서로의 감정을 교류하는 것이다. 따라서 기쁨과 즐거움이 없는 대화는 무의미한 소음에 지나지 않는다. 여러 사람들이 모인 자리에서 주목받는 사람은 즐거운 대화로 분위기를 이끄는 사람이다. 온화하고 친근한 분위기를 지닌 사람에게는 누구나 부담 없이 말을 걸어오며 때로는 개인적인 어려움까지 상의하고 싶어지는 것이 인지상정이다. 그럼 어떻게 친근한 분위기를 만들 것인가? 그것은 먼저 가볍게 말을 붙이는 것이다.

과묵한 사람은 중량감이 있어 보일지는 모르지만 타인이 다가서기가 거북할 경우가 많다. 무슨 생각을 하고 있

88

는지 알 수가 없기 때문이다. 이런 상대방의 경계심을 풀려면 먼저 이쪽에서 자연스럽게 다가가야 한다. 그 첫걸음이 가볍게 말을 건네는 것이다. 이때 방법이 서툴면 역효과를 낼 수 있다. 따라서 날씨나 취미 등 공유할 수 있는 화제를 찾아서 상대방에게 안도감을 줄 수 있는 말을 꺼내는 것이 좋다. 상대방이 소중히 생각하는 사람을 화제로 하면 가장 효과적이다.

상대방의 이름을 친근감 있게 불러주는 것도 효과적이다. 주위 사람들이 알아들을 수 있을 정도로 이름을 크게 부르며 친근감을 나타낸다. 그리고 상대방에 대한 관심, 존경, 호의, 친근감을 자연스럽게 행동으로 나타내 보라. 예를 들면, 대화를 나눌 때 손을 잡거나 어깨를 두드리는 등의 육체적인 접촉을 끌어내면 효과가 있다. 이러한 접촉은 주로 상대방에게 심리적인 안정감을 준다고 한다. 이처럼 언제나 상대방이 호감을 느낄 수 있도록 친근감 있는 언어로써 상대방을 감싸안을 수 있어야 대화를 성공적으로 이끌 수 있다.

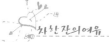

차 한 잔의 여유

풍부한 표정과 연기는 언어 이상의 설득력이 있다. 텔레비전이 왜 라디오보다 값이 비싼가를 보면 쉽게 해답이 나올 것이다.

— 홍서여

34

언어를 시각화했을 때
이해도는 최고!!

　말은 하고자 하는 내용 속에 시각적 요소가 많으면 많을수록 인상을 강렬하게 전달할 수 있다. 사람은 언어를 전달하고 받아들이는데 동작의 보조를 받는다. 내용의 전달이 충실하기 위해서는 언어를 동작과 얼마만큼 조화시키느냐에 달려 있다.

　다시 말하면 언어의 시각화가 잘 이루어지면 상대방이 이해하기에 수월하다는 것이다. 그러나 언어의 시각화란 동작과 조화되지 않는 언어를 가지고 이상스러운 몸짓만 크게 한다고 하는 것과는 다르다. 말을 듣고도 동작적인 영상이 머릿속에서 그려질 수 있는 시각적인 언어를 찾아 사용하라는 말이다. 사람의 마음을 끄는 것은 태도를 비롯한 여러 가지 시각적 요소들이다.

지적인 것보다는 감정이 앞서는 것이 사람이기 때문에 감정을 자극할 수 있는 여러 시각적 요소들을 동원한다면 정감있는 말을 전달할 수 있다.

말을 통해 시각적인 그림을 그릴 수 있도록 하는 것이 좋다. 가령 계절감을 나타낼 수 있는 표현을 쓴다든지, 재미있는 제스처를 쓴다든지 하면 더욱 효과를 볼 수 있다.

잠깐의여유

말은 행동의 거울이다.

– 솔론

35
성공한 사람들은 쉽게
말하면서 상대방을 설득한다

　대화를 어렵게 하는 요소 중 하나가 처음부터 딱딱한 주제를 내놓거나 어려운 용어를 쓰는 것이다. 이를테면 수학 문제를 풀 때와 같은 것이다. 먼저 쉬운 문제를 풀고 나면 자신감이 생기고 마음의 부담이 덜해져 갈수록 어려운 문제에 도전해도 좋은 결과를 얻을 수 있는 것처럼 대화도 마찬가지이다.

　쉽게 말할 수록 말은 더 잘 전달되고, 대화가 부드러워지기 마련이다. 되도록 가볍고 쉬운 화제에서 어렵고 심각한 화제로 넘어가도록 유도하는 것이 좋다. 또한 추상적인 개념이나 의지, 미래의 무언가를 제시할 때는 구체적인 예시를 먼저 든 다음 추상적인 화제로 이끌어 가는 것이 좋다.

구체적인 화제를 통해 다음 이어질 이야기를 듣고 받아들일 수 있는 정신적인 준비가 되기 때문이다. 또 상대방을 설득할 때는 먼저 상황과 의견을 전달한 후 그것을 바탕으로 설득을 이어가는 방식을 쓰는 것이 효과적이다.

아침에 차 한 잔 마시는 시간을 통해 한 가지 주제를 어떻게 설명할 수 있는지 나만의 대화 노트를 작성하라. 주제를 설명할 때 쉽게 풀이할 수 있는 능력이 쌓이면 대화할 때 쉬운 표현으로 상대방을 설득할 수 있게 된다.

차 한 잔의 여유

다정하고 조용한 말은 힘이 있다.

– 에머슨

36
성공하려면 이야깃거리를
많이 만들어라

무엇이든 부족한 것보다는 넘치는 것이 좋은 법. 이야 깃거리 또한 많으면 많을수록 사람들과 대화를 나누는 데 큰 재산이 된다.

대화에 덧붙이고 예를 들 수 있는 화제가 많을수록 대화가 부드러워지고 즐거워진다. 잡다한 일상사부터 심각한 이야기까지 평소에 여러 가지 대화거리를 경험하고 생각해 보는 것이 좋다. 보다 넓고 깊은 안목이 생기고 세상을 관찰하는 눈도 길러진다. 또한 대화를 나누는 상대방에게 좋은 인상을 남길 수도 있다.

● 이야깃거리를 만들기 위한 노력 5가지 ●

1. 새로운 정보를 많이 접해라.

만날 때마다 예전에 사용했던 소재를 계속 사용하면 신선한 맛
이 떨어진다. 새로운 정보를 이용하면 대화도 풍부해진다.

2. 뉴스는 매일같이 읽어라.

뉴스는 세상과 만나는 창이다. 사회의 변화에 적극적으로 대응
하려면 뉴스를 매일 읽는 것이 좋다.

3. 유머나 개그를 재활용해라.

유머나 개그는 분위기를 업그레이드시킬 수 있다. 더구나 분위
기를 내가 원하는 대로 이끌어가기 위한 수단으로 충분한 역할
을 할 것이다.

4. 사물을 볼 때 자신만의 시각을 가져라.

나의 주관이나 나의 생각이 없이 대화에 임하다 보면 상대방에
게 끌려 다니기 쉽다. 나의 주관과 중심을 갖고 대하도록 한다.

5. 모임과 단체 생활을 유지해라.

이 세상은 나 혼자만 살아갈 수 있는 곳이 아니다. 만남을 통해
함께 더불어 살아갈 때 나의 삶도 윤택해질 수 있다.

잠깐의 여유

말하고자 하는 바를 먼저 실행하라. 그런 다음 말하라.

– 공자

37

좋은 화제와
나쁜 화제

화제의 선택에 있어서 가장 중요한 것은 목적에 맞는 화제를 선택하는 일이다. 그 내용에 있어서도 관심이 있는 것을 선택하며, 추상적이지 않고 구체적인, 일상생활에 익숙한 화제를 택하는 것이 좋다. 시사성이 있거나 유머러스한 것, 또는 자신이 경험한 일들을 택하는 것이 좋은 화제가 될 수 있다. 또한 일상 생활에서 쓰이고 있는 상대방과의 대화에서 화제 선택시 꼭 생각해야 할 일반적인 금지 사항이 있다.

● 화제 선택시 꼭 생각해야 할 8가지 ●

1. 불결한 이야기나 죽은 사람에 대한 것 등 식탁에서 불쾌감을 주는 화제는 피해라.
2. 공석에서의 사담은 금물이다.
3. 음식에 대한 평가나 불평은 하지 말아라.
4. 가십거리를 아무데나 퍼뜨리지 마라.
5. 설교나 교훈식의 이야기는 상대방의 기분을 상하게 한다.
6. 남 앞에서 꾸짖지 마라.
7. 모임에서는 공통의 흥미를 줄 만한 화제를 택하라.
8. 다른 사람 앞에서 신체에 관한 이야기는 간접적으로 표현해야 한다.

친구 간의 여유

문장은 거기에 쓰이는 언어의 선택으로 결정된다. 평소에 쓰이지 않는 말이나 동료들끼리만 통하는 표현은 배가 암초를 피하는 것처럼 피해야 한다.

– 율리우스 카이사르

38

풍부한 경험은
성공적인 대화를 이끌어낸다

성공은 하고 싶지만 남들 앞에서 이야기하는 것에 자신이 없다면 작가들에 대해 생각을 해볼 일이다. 보통사람들은 글을 쓰는 작가들에 대해 한 가지 의문을 갖는다.

'그 많은 이야기들을 어떻게 만들어냈을까?'에 대해 궁금하기만 한 것이다.

작가들은 자신의 작품 속에 담겨진 내용들을 한결같이 창작해낸 것일까. 사실은 그렇지 않다. 역사 소설을 쓸 경우에는 사료에 의존하며, 판타지 소설을 쓰는 경우에는 오로지 상상력으로 작품을 탄생시키겠지만 일반 소설이나 시는 그렇지 않다. 직간접적인 경험에 의한 내용들이 작품의 곳곳에 녹아들어간다. 자전적 소설을 통해 아예 자신의 이야기를 그대로 소설화시켰음을 밝히기도 한다.

작가들의 경우 보통 사람들에 비해 창의력과 상상력이 뛰어나긴 하지만 전적으로 모든 작품을 상상의 세계나 새로운 창의력에 기댈 수는 없다. 작가도 보통 사람들이나 다름없는 평범한 일상을 직접 느끼고 사람들과 어우러져 살아가는 한 사람일 뿐이다. 다만 자신이 보고 듣고 느낀 것들을 좀더 극적으로 또는 아름답게 꾸밀 수 있는 능력을 가졌을 뿐인 것이다.

유명 강사들은 어떠한가. 대부분이 핵심적인 내용을 전달하되 그것을 청중들이 보다 쉽게 이해하고 관심있게 들을 수 있도록 재미있는 에피소드나 경험담에 빗대어 말하곤 한다. 그들은 타고 날 때 부터 달변가로 태어난 사람들은 아니다. 자신이 가진 경험이나 지식들을 잘 활용하는 사람들이라고 보면 된다.

아침에 차 한 잔 마시는 짧은 시간의 여유를 통해 나의 좋은 습관이나 경험은 업그레이드시키고, 버려야 할 것은 하나하나 지워나가는 시간을 갖는다.

차 한 잔의 여유

지식은 고령자에겐 기분 좋은 은신처이며, 필요한 피난처이다. 젊을 때 지식을 심어두지 않으면, 늙었을 때 햇볕을 가려주는 구실을 해주지 않을 것이다.

– 주역 계사전

39

강한 인상을 주려면
첫 마디부터 끌어당겨라

유명 강사들은 저마다 청중을 끌어들이는 독특한 화술을 사용한다.

이를 테면 첫 마디가 '자신의 별명이 무엇인지 알아맞춰 보세요' 라든가 '오늘 아침 밥 먹고 나온 사람 손들어 보세요' 라는 식으로 시작한다.

이유는 한 가지. 청중들의 눈과 귀를 집중시켜야 하기 때문이다. 아무리 좋은 내용의 강의라 할지라도 청중들을 내 사람으로 끌어들이지 않고서는 효과 없는 강의로 끝나기 마련이다. 때문에 강단에 서는 순간부터 일단 청중들의 관심을 사로잡기 위한 저마다의 테크닉을 발휘한다.

독특한 목소리나 말투 또는 질문으로 일단 청중들을 끌어 잡아당긴 후 본격적인 강의에 들어가는 테크닉이 바로 그것이다. 이는 흔한 일이면서도 효과면에서 좋은 결과를 낳는다.

무겁고 딱딱한 목소리로 "안녕하십니까. 만나서 반갑습니다."라고 말하는 강사보다는 한결 부드럽고 친근하게 느껴지며 강의 중에도 어떤 다른 말로 자신들을 즐겁게 해줄 사람이라는 느낌을 갖게 한다.

친한 강의여유

중심을 찌르지 못하는 말일진대 차라리 입 밖에 내지 않느니만 못하다.
– 채근담

40
위트는 사람 사이에 놓인
장벽을 무너뜨린다

위트에는 상대방이 깨닫지 못하는 사이에 상대방을 설득시킬 수 있는 힘이 담겨 있다. 재치 있는 설득은 조용하고 부드럽게 상대방을 잡아끈다. 쉽게 화내고 논리적으로 꼬치꼬치 파고드는 상대방을 얼마든지 위트 있게 설득할 수 있다.

일찍이 태조 이성계를 부끄럽게 만든 무학대사의 위트가 지금까지 전해져 내려온다. 조선을 개국한 태조 이성계는 당대 고승인 무학대사의 가르침을 받으며 자신의 웅지를 키울 수 있었다.

어느 날 그는 무학대사와 장기를 두며 담소를 나누고 있었다.

"대사, 우리 서로를 헐뜯는 농담이나 합시다. 어떻소? 나는 대사가 꼭 돼지같이 보이는데, 웬일이오?"

"저는 전하가 꼭 부처님같이 보입니다."

무학대사는 점잖게 대꾸했다.

"아니, 대사. 내가 농담을 좀 하자는 것인데 어째서 아첨을 하는 거요?"

"아닙니다. 저는 사실을 사실대로 말했을 뿐입니다."

그러고는 무학대사는 이렇게 덧붙였다.

"자고로 돼지의 눈에는 돼지밖에 안 보이고, 부처 눈에는 부처님밖에 안 보이는 법이지요."

차 한 잔의 여유 ──────────────────────

훌륭한 언어의 문법은 사리분별력이다.

— 세르반테스

41

다른 제3자와
비교하지 마라

사람들은 누구든지 자신이 다른 사람과 비교되는 것을 싫어한다. 특히 누군가 자신의 단점이나 잘못된 면을 두고 제3자와 비교할 경우에는 화가 날 정도로 불쾌하게 느껴진다.

그런데도 불구하고 사람들은 가정에서든 직장에서든 말을 할 때 다른 제3자와 비교하여 말하기를 좋아한다. 더욱이 좋은 일로 비교하는 것이 아니라 단점이나 잘못한 일 또는 능력을 갖고 제3자와 비교를 한다.

설령 잘못을 했다 할지라도 다른 사람과 비교하지 않

고 왜 잘못했는지 앞으로는 어떻게 할 것인지를 추궁한다면 기꺼이 수용해야 되지만 제3자와 비교하여 자신을 더욱 비참하게 만들 때는 인격을 모독하는 것처럼 느껴진다.

친구나 자녀, 부하에게 어떤 말을 할 때 또 다른 누군가와 비교하여 상대방을 더욱 곤경에 처하게 하는 것은 상대방을 궁지로 모는 것이다.

사람은 누구든지 다른 누군가와 비교 당할 때 자존심이 상하고 실패감도 크게 갖게 된다.

친한 잠의 여유

말이 남에게 거슬리게 나가면 역시 거슬린 말이 자기에게 돌아온다.

— 대학

42
큰 소리 내어
웃지 말아라

　사람들 중에는 대화 할 때 유난히 목소리가 큰 사람들이 있다. 타고난 목소리가 큰데다 주변 사람들이 그 사실을 다 인정하거나 이해하는 경우라면 큰 소리를 내어 말을 한다 해도 이해할 수 있을 것이다. 하지만 절친한 사이가 아니거나 업무 관계로 만난 사람 앞이라면 큰소리로 말하는 것은 금물이다.

　목소리가 보통사람에 비해 지나칠 정도로 클 경우 사람들은 그에 대한 신뢰를 갖지 못한다. 큰 목소리 자체는 무언가 과장이 섞여 있다는 생각을 갖고 있기 때문에 매사에 목소리를 크게 내는 사람은 허풍이 심하거나 자기 잘난 맛에 사는 사람 정도로 치부하기 십상이다. 웃음도 마찬가지다. 큰 소리를 내어 웃을 만한 일도 아닌데 큰 소리로 웃는다면 상대방은 당황하거나 뭔가 좀 이상한 구석이 있는 사람쯤으로 보게 된다. 우리는 가끔씩 웃지 말아야 할 상황에 웃음이 나오는 경우가 있다. 이를 테면 누군가 옷을 뒤집어 입었는데 본인은 모르고 있을 때라든가 음식을 먹은 후 입 주변에 무언가가 묻어 있는데 거울을 보지 않아서 모르고 있을 때가 그렇다. 분명 잘못되어 있는 것을 빨리 알려주어야 하는데도 불구하고 웃음이 먼저 나오게 된다.

이런 상황에서 웃은 후 빨리 상대방에게 웃게 된 이유를 알려준다면 상대방은 자신의 실수를 부끄러워하면서 미소를 지은 후 곧장 거울을 보게 될 것이다.

하지만 계속해서 큰소리로 웃기만 한다면 상대방은 불쾌한 감정을 갖게 될 것이며 심한 경우에는 싸움으로 이어질 수도 있을 것이다.

친한 간의 여유

기쁨과 노여움은 마음속에 있고, 말은 입에서 나오는 것이니 신중히 하지 않으면 안 된다.

– 채옹 선생

43

입을 다 벌리거나
몸을 크게 움직이지 말아라

너무 웃음이 나와 그야말로 온몸이 폭발할 정도다. 그러다보니 손에 쥐고 있는 물건으로 테이블을 치는가 하면 옆에 있는 사람의 몸을 잡고 어쩔 줄 몰라 한다.

그러나 이 정도면 양반이다. 심한 사람들은 물건을 던지기도 하고 옆사람을 꼬집거나 때리기도 한다. 이쯤 되면 이미 입에서는 파편이 터져 나오기도 하고 목이 막혀 헛기침을 한다.

친구나 가족이라면 그나마 이해하고 넘어가겠지만 예의를 지켜야 하는 자리에서 이같은 모습을 보였다면 이는 자기 감정에만 충실한 나머지 상대방에 대한 배려는 전혀 하지 않고 있다는 것이다.

함께 자리한 다른 사람들이 웃을 때 웃지 않고 무표정

한 얼굴을 하거나 억지로 미소를 짓는 것도 좋은 것은 아니지만 웃음이 나온다해서 지나치게 몸을 움직이거나 입을 크게 벌리는 것은 더더욱 좋지 않은 습관이다.

이런 습관을 가지고 있다면 개인적인 만남에서는 이해가 되지만 공식석상에서 이런 행동은 상대방에게 불쾌감을 줄 수 있다.

그러므로 아침에 차 마시는 여유를 갖고 이 시간을 통해 자기 자신을 컨트롤할 수 있도록 노력해야 한다.

차 한 잔의 여유

말에 예의가 있으면 공손한 것이다

– 주역 계사전

44

가슴속의 진실을 말해야
성공이 보인다

우리는 눈을 보면 말하는 사람의 속이 보인다고 이를
테면 진실인지 아닌지는 말하는 사람의 눈빛만 보아도
쉽게 알 수 있다는 것이다. 하지만 이같은 논리는 그나마
순수하고 솔직한 마음을 가진 사람들에게서나 느낄 수
있는 일이다.

아예 작정을 하고 거짓말을 하는 사람들은 눈마저 가
식적으로 거짓말을 하고 있어 진실 여부를 쉽게 알아내
기 힘들지만 보통의 사람들은 장난삼아 하는 거짓말도
쉽게 들통나곤 한다.

110

거짓말은 어떤 의도에서든 그 파장이 어느 정도이든 하지 않는 것이 상책이다. 가슴속에 있는 진실을 말할 때 상대방은 공감을 하고 감동하기도 한다. 진실을 말하는 사람에게서는 슬픈 얘기를 하면서 눈물을 흘리며 말하지 않더라도 눈물을 흘리며 말하는 것 이상의 진실을 느낄 수 있게 된다. 그리고 그 진실은 곧 도움과 정으로 이어지고 인간 관계의 끈을 만들어낸다.

또 진실을 말하는 사람은 단지 있는 그대로 솔직하게 말하는 것뿐이지만 상대방은 거짓 없는 진실된 말에 감동하게 된다. 물론 그렇지 않은 사람에게서는 양치기 소년의 모습을 발견하겠지만 말이다.

차 한 잔의 여유

한 인간의 가치는 그가 관심을 가지는 대상에 의해 결정된다.
– 마르쿠스 아우렐리우스

45

목소리 톤을 맞추어라

목소리만큼 사람을 끌어들이는 매력적인 것도 없을 것이다. 특히 전화통화 할 때에는 상대방의 얼굴을 보지 않고 대화를 나누게 되므로 목소리가 큰 영향을 미친다. 텔레마케팅의 성공이 목소리와 매너에 달려 있듯이 듣기 좋은 목소리는 사람의 마음을 움직이게 된다. 비즈니스를 위해 전화를 걸었다고 치자. 당신이라면 목소리 톤을 어떻게 결정하겠는가?

굵직한 남성의 저음은 듣기에는 부드러운 듯하지만 자칫하면 느끼하고 거만스럽다. 톡톡 튀는 여성의 고음은 신선한 것 같지만 지속해서 들으면 짜증이 난다. 감정이 전혀 섞이지 않은 목소리는 무게감은 있을지라도 냉정함과 무관심함이 느껴진다. 지나치게 가는 남성의 목소리는 가볍고 신뢰감이 없으며 굵직한 여성의 목소리는 경계하는 듯한 느낌과 무관심조로 들린다.

만일 이중 한 가지 목소리를 갖고 있다면 비즈니스에서의 실패는 불을 보듯 뻔하며 새로운 사람들과의 인간관계 형성에 적잖은 어려움을 갖게 될 것이다.

저자는 직업상 10여년 간 수많은 사람들과 전화를 통해 첫 대화를 나누었고 경우에 따라서는 전화로만 10분에서 50분에 이르기까지 인터뷰를 하기도 했다. 이런 경험에서 얻은 결론은 가늘지 않으면서도 밝은 목소리가 상대방의 관심을 끌고 대화를 편안하게 이어가는 끈임을 알게 됐다. 이를테면 목소리의 높이를 '솔'로 맞추되 겸손함이 느껴지도록 예의를 갖춘 말투와 표준어를 구사할 때 상대방은 대화에 긍정적으로 반응한다.

목소리만 듣기 좋고 내면이나 행동은 전혀 다르다면 이는 더 큰 문제를 지닌 인간으로서 사회에서 환영받지 못할 일이지만 첫 느낌을 좌우하는 전화 목소리에 신경을 쓰는 일은 누구에게나 그만한 의미와 가치가 있는 일이 아닐까 싶다.

친한 간의 여유

대화의 요령을 알면 상대를 다룰 수 있다.

— 그라시안

46
발음을 정확히 내라

"도대체 무슨 말인지 알아들을 수가 없어."

"왜 반벙어리 말하듯 하니. 안 들리니까 제대로 말하라구."

특히 전화를 할 때 이런 말을 하게 되는 경우가 있다. 뭐라고 말을 하긴 하는데 도대체 알아들을 수가 없다.

말을 할 때는 상대방이 알아들을 수 있도록 하는 것이 당연한 일이다. 선천적으로 말을 더듬는다거나 혀가 지나치게 짧아 발음이 좋지 않은 사람이라면 이해할 수도 있지만 보통의 사람이 말을 할 때 정확하지 않은 말을 한다면 듣는 사람은 화가 나고 불쾌해지는 일이다.

사람들이 말할 때 발음이 정확하지 않는 경우는 흔히 다급한 상황이거나 화가 나있을 때 또는 중요한 말이 아니라고 생각될 때 자기 편의대로 대충 흘리듯 말하는 데서 비롯된다.

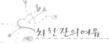

말이 있기에 사람은 짐승보다 낫다. 그러나 바르게 말하지 않으면 짐 승이 그대보다 나을 것이다.

― 사아디 "고레스탄"

삶을 윤택하게 하는 대화 기법

＊첫인사가 중요하다. 인사말을 분명히 하라.

　　인사는 생활의 기본이며 인사말은 화술의 기본이다.
　　"안녕하세요." "반갑습니다." "미안합니다." "또 뵙겠습니다." 등을
　　자신있게 하라.

＊불평, 불만, 비난의 말은 실패를 불러오는 말이다.

　　새로운 변화를 위한 비판은 필요하지만 모든 일을 부정적으로 보고
　　불만 섞인 목소리로 말하는 습관은 상대방과 나 모두를 좌절시킨다.

＊예, 아니오를 분명히 해 생각의 중심을 잃지 마라.

　　싫으면 싫다! 좋으면 좋다! 자기 생각을 분명하게 하고 말끝을 흐
　　리면서 얼버무리지 마라.

＊대화할 때 상대방의 눈을 바라보고 귀를 기울인 후 마
　음을 열고 진심으로 들어라.

　　진심으로 듣는 것은 대화의 필요조건이다. 진지하게 끝까지 듣고
　　나서 공감, 수긍, 반론이나 대안을 찾아라.

＊상사에게 보고할 때는 겸손과 당당함을 함께 갖추라.

　　결론, 이유, 경과 순으로 간결하게 하되 내용이 복잡할 때는 메모
　　나 서류로 정리하여 보고하라.

＊칭찬과 격려는 숨어 있는 능력을 발휘시킨다.

　　칭찬과 격려는 기분을 좋게 할 뿐만 아니라 자신감을 갖게 하며 숨
　　어 있는 능력을 발휘시키게 한다.

*웃음도 언어다. 미소 띤 얼굴로 말하라.

표현에는 언어적 요소와 비언어적 요소가 있다. 입으로만 말하려고 하지 말고 눈과 표정, 손과 몸으로 말하라.

*광고는 긍정적인 효과를 나타낸다.

광고는 제품의 장점만을 모아 특화시키는 것이다. 긍정의 효과를 극대화시키는 방법으로 광고를 만든다. 대화를 할 때도 광고의 효과를 잊지 마라.

*어려운 말은 사람을 멀리하게 한다. 쉽게 대화하라.

1) 가벼운 화제에서 심각한 화제로.
2) 쉬운 화제에서 어려운 화제로.
3) 과거에서 현재로, 현재에서 미래의 화제로.
4) 구체적인 화제에서 추상적인 화제로.
5) 전달하는 화술에서 설득하는 화술로.

상대방을 설득시켜야
성공을 잡는다

상대방을 설득시키기 위해 대화를 해야 할 때가 종종 있다. 영업을 하는 비즈니스맨이라면 거래처나 고객을 만나 늘 해야 하는 일이 설득이 될지도 모른다. 누군가를 설득한다는 것은 사실 쉬운 일만은 아니다. 설득은 생각을 바꿔 행동으로 옮겨지게 해야 하는 어려운 작업이기 때문이다. 하지만 몇 가지 대화 테크닉만 알아도 누군가를 설득시키기가 한결 유리해질것이다.

4

47

전화 대화 할 때 동시에
두 가지 답을 요구하지 마라

전화 통화는 공간적 제한이 없어 직접 얼굴을 마주하고 나누는 대화할 때보다 한결 편할 수도 있다. 그러다보니 편안한 사람일수록 자세는 흐트러지게 되고 망가진 자세만큼이나 대화 내용도 주제 없이 온갖 얘기가 오간다.

그나마 서로를 이해할 수 있을 만큼 가까운 사이니 큰 문제는 발생하지 않는다. 하지만 가까운 사람일지라도 전화통화 할 때에는 반드시 지켜야 하는 것이 있다. 바로 질문이다. 지나치게 성격이 급하다거나 예의를 무시하는 사람일 경우 이같은 실수를 쉽게 저지른다. 동시에 두 가지 질문을 하는 경우가 그렇다.

　얼굴을 마주하고 질문을 할 경우에도 두 가지 질문을 동시에 하면 어떤 것부터 대답을 해주어야 할지 또 상대방의 의도가 무엇인지 고개를 갸웃거릴 때가 있다. 하물며 전화 통화에서는 상대방으로 하여금 대화의 맥을 끊게 하거나 불쾌감을 갖게 하기 십상이다. 물어보아야 할 질문이 여러 가지라면 중요한 순서대로 하나씩 묻고 그에 대한 답을 들어라. 질문하고 답은 하나씩하나씩 서서히 매듭을 풀어나가듯 이어가는 것이 좋다.

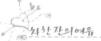

언어는 미로이다. 당신은 어떤 한쪽으로부터 오면 그 길을 잘 안다. 당신이 다른 쪽에서부터 동일한 장소로 다시 오면 당신은 그 길을 더 이상 알지 못한다.

— 비트겐슈타인

48

강해야 할 땐
강하게 쏜아라

　잘못한 아이에게 무엇을 잘못했는지 이해를 시키거나 타이를 때는 비교적 부드럽게 상대방의 감정이 손상되지 않도록 낮은 목소리로 말해야 한다. 일상생활시 동료나 가족들과의 대화 역시 가급적이면 큰 소리보다는 상대방이 듣기 좋을 만큼 적당한 톤으로 말하는 것이 서로에게 편안한 자리를 만들어주는 것은 물론이고 주변의 제3자에게도 방해가 되지 않는다.

　하지만 때로는 큰 목소리로 강조하듯 강하게 말해야 할 필요도 있다. 많은 청중 앞에서 강의를 하게 된 강사가

123

60분 내내 시종일관 점잖고 낮은 목소리로 강의를 한다면 청중의 십중팔구는 강사의 목소리가 자장가처럼 들려 졸거나 귀에 들어오지 않아 딴전을 피우게 될 것이다. 이럴 때 간격을 두고 강약을 조절하는 테크닉이 필요하다.

또 어떤 모임에서 회원들 앞에서 계획을 발표하거나 중요한 내용을 강조해야 할 때는 발음은 정확하게 그리고 목소리는 강하게 내야 한다.

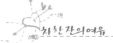

잠한잔의여유

그대를 괴롭히고 슬프게 하는 일들을 하나의 시련이라고 생각하라. 쇠는 불에 달구어야 강해진다. 그래도 지금 당하고 있는 시련을 통해서 더욱 마음이 굳세질 것이다.

– 마르쿠스 아우렐리우스

49

말을 함축시켜
짧게 해야 할 때도 있다

평소 말이 없던 동료가 한 마디 말을 던졌는데 그 말에 주변 사람 모두가 긴장을 하는 경우가 있다. 본래 말수가 적은 사람들은 웬만한 일로는 화를 내거나 잔소리를 하지 않기 때문에 같은 말일지라도 다른 사람이 하는 말보다 그의 말이 강하게 느껴지는 것이다.

말이 너무 적어서 사람들과 잘 어울리지 못하는 사람이 있다면 그는 자연스럽게 사람들과 대화하는 법을 배워야 한다. 침묵만이 전부는 아니기 때문이다. 더욱이 요즘처럼 인관 관계는 물론이고 비즈니스에서도 화술이 중요한 시대에는 말 잘하는 사람이 성공도 빠르다는 말을 실감하게 된다.

다만 때에 따라서는 말을 길게 하기보다는 짧게 함축

125

시켜 해야 할 때도 있다. 평소에 잔소리를 해도 말을 잘 듣지 않는 아이에게는 매일같이 반복된 타이르는 말이 좀처럼 통하지 않는다.

이럴 경우 부모가 아무리 좋은 말로 설득을 시키려 해도 아이는 쉽게 말을 듣지 않는다. 회사에서도 마찬가지다. 사장은 '열심히 최선을 다 해야 된다'는 말을 늘 하지만 귀가 따갑도록 듣는 직원들로서는 그다지 특별한 의미 없는 말이 될 수도 있는 것이다.

가정에서 아이들에게 말을 할 때도 마찬가지다. 공부하지 않는 아이에게 귀가 닳도록 공부하라고 말해야 아무런 소용이 없다. 따끔한 한 마디로 아이가 자신을 돌이켜 생각하고 행동할 수 있도록 해라.

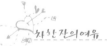

말 뒤에 있는 의미는 보통 언어소통에서는 별 문제가 되지 않는다.
— 비트겐슈타인

50

설득하기 전에
반 걸음 물러선다

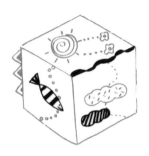

　자신의 입장만 생각하고 조금도 양보하려 하지 않는다면 어느 누구도 설득할 수 없다. 먼저 상대방의 자존심을 살려주어야만 쉽게 설득할 수 있다.

　설득의 궁극적인 목적이 자신의 의도를 관철하는 것이라면 잠시 동안 자신을 낮추는 것이 그리 어려운 일은 아닐 것이다.

　먼저 크지 않은 목소리로 조심스럽게 접근해야 한다. 그리고 상대방이 자신보다 지식이 부족하다거나 이해력이 부족하다는 느낌이 들지 않도록 간단한 예를 들어가

127

면서 상대방으로 하여금 자신의 말에 수긍할 수 있도록 하여야 한다. 예를 들 경우 자신이 경험했던 사례를 들면 한결 유리하다.

이를 테면 "아빠도 너처럼 사춘기 때에는 술이나 담배에 대한 호기심을 가진 적이 있었어."라는 식으로 대화를 풀어간다면 상대방의 마음은 한결 편해질 것이고 말하는 사람의 뜻을 긍정적으로 받아들일 것이다.

설득하기 전에 반 걸음 물러설 줄 아는 지혜는 반드시 길러야 한다.

친한 잔의 여유

뛰어난 화술을 갖춘 사람은 상대방의 반응에 따라 신중하게 말을 고른다.

− 그라시안

51

어려운 것일수록
직접적으로 공략한다

혼자 사는 세상이 아니기 때문에 누군가의 도움이 필요하거나 부득이 부탁을 해야 할 때가 있다. 어려운 말일수록 선뜻 입 밖으로 말을 내기가 힘들다 보니 중심에서 벗어난 말을 할 때가 있다.

대화를 할 때 무수히 내뱉는 말 중에서 논점을 빗나가지 않는 직접적인 말이 상대방에게 강한 인상을 줄 수 있다는 것은 너무도 당연한 이치이다. 현대 사회는 급변하는 지식정보 혁명의 시대이다. 생활 환경이 너무 빠르게 변하기 때문에 사람들은 점점 간단 명료한 말을 선호하게 된다. 반대로 너저분하게 늘어놓는 변명 따위의 말은 별로 좋아하지 않는다.

우리들의 일상 대화는 대개 설명형이다. 한 가지 사실

을 이야기할 때도 줄줄이 나열하여 말해야만 쉽게 이해 될 것이라는 잘못된 생각을 가지고 있다. 하지만 빈 수레 가 요란하다는 속담처럼 겉모습이 화려한 것일수록 실제 내용은 충실하지 못한 경우가 많다.

무언가를 부탁하려고 할 때는 직접적으로 도움이 필요 하다고 말하는 것이 효과적이다. 내용을 가공하거나 우회 적인 방법으로 접근하면 오히려 신뢰감만 떨어지게 된다.

오늘 성공적인 협상을 위해 누군가에게 부탁을 해야 한 다면 아침에 차 한 잔 마시면서 머리속으로 어떤 말을 할 지 정리하는 것이 좋다. 그리고 우회적으로 돌리지 말고 직접 말하는 것이 상대방에게도 결정내리는데 도움을 주 게 된다.

차 한 잔의 여유

말은 스스로 흘러가고 말로부터 행위로, 행위로부터 말로의 전이 과정 들이 만들어진다.

– 비트겐슈타인

52

상대방의 입장에서 말하라

거절하기 위해서라면 무슨 이유든지 명분이 있기 마련이다. 그 명분에 대해 이쪽에서 다시 설득하여 '예'라는 대답을 얻기 위해서는 상대방이 말하는 명분에다 자기를 세워 놓고 명분의 내면에 숨어 있는 진실된 감정에 호소하면 효과를 얻을 수 있다.

상대방의 입장에 서서 상대방의 감정에 공감하여 같은 입장이 되어 보는 것이 설득의 기본 태도이다. 사람들은 흔히 상대방이 이론으로 이쪽의 말에 반발하면 이론으로써 상대방을 설득하려고 하기 마련이다. 하지만 실제적으로 감정적인 이해가 앞서지 않고는 설득이 성과를 거두기 어렵다. 대인관계에서 획기적인 성공을 얻지 못하는 많은 사람들의 이야기를 들어보면 대부분 이론적인 설득을 했을 뿐이지, 감정을 고려해 상대방의 입장에서 바라보지 못한 경우가 많다. 또한 상대방에게 감사함을 받고자 하는 정서적 자세가 결여되어 있었다.

거절의 명분은 감정적인 이해가 따라 줘야 한다. 설득은 감정의 일방통행에 의해서 가능해지는 것이 아니며 진지한 마음의 교류에 의해서만 실현되는 것이다. 설득을 위한 대화가 효과를 거두지 못한다는 것은 상대방의 미묘한 감정의 흐름을 이해하지 못한 데서 비롯된 것이다.

잠깐의 여유

내뱉는 말은 상대방의 가슴속에 수 십년 동안 화살처럼 꽂혀 있다
— 롱펠로우

53

설득 할 때에는
제3자를 예로 들어라

어떤 상황과 조건이 주어졌을 때에 말재주만 믿고 설득을 꾀하고자 한다면 과연 어떻게 될까? 거의 불가능에 가깝다. 설득을 위한 설득을 하다 보면 상대방은 자신의 변명이나 처지를 이해시키려는 입장이 되기 때문에 설득의 진의를 깨닫지 못한다.

만일 이쪽에서 직설적인 말로 강조하게 되면 상대방의 응답도 강하게 나오게 되고, 설득이 불가능해지기 마련이다. 그래서 대화를 통한 설득은 어렵다.

대화를 통해 설득하고자 할 때에는 직선적인 방법보다

133

는 우회하는 방법을 쓰는 것이 좋다. 이럴 때 당사자가 아닌 제3자의 예를 들어 간접적으로 의도를 전달해 주는 방법을 쓰면 효과적이다. 우회적인 설득은 상대방에게 직접적으로 충고하는 것보다 훨씬 효과적이다. 직접적으로 전달하기보다 다른 사람을 통해 자신을 비춰보게 한다면 감정도 상하지 않고 오히려 감사의 인사를 받을 수 있다.

이와 마찬가지로 설득하고자 하는 상대방이 직설적인 이쪽의 충고에 반박하고 나서게 되면 설득은 성공하기가 어렵다. 상대방의 기분을 맞춰 주어 우선 나의 의견에 동조하게 만든 다음 제3자의 비행을 예로 들어 이쪽의 견해를 밝혀 상대방이 이해하도록 해야 한다. 그러면 제3자의 행동을 나쁘다고 생각하여 이쪽의 의견에 동감을 표할 것이다. 또한 설득을 받아들이는 마음가짐이 준비되어 있다는 뜻이기도 하다.

잠 한 잔의 여유

격언이나 명언이라고 하는 것은 잘 이해할 수 없어도 놀랄 정도로 쓸모 있는 것이다.

—푸시킨

54

성공하려면 상대방의 마음을
사로잡아라

상대방의 마음을 사로잡는 것이 성공의 기본 비결이다. 그런데 요즘 사람들은 길고 지루한 말엔 귀 기울이지 않는다. 오죽하면 에세이나 소설도 미사여구가 장황한 긴 문장은 환영받지 못한다. 하물며 글이 아닌 말이라는 수단을 통한다면 더욱 그렇다.

간결하고 구체적인 표현을 써야 상대방이 훨씬 더 집중하고 이해하기가 쉽다. 상대방의 마음을 사로잡는 말은 문법적으로 옳고 긴 문장이 아니라 짧고 간결한 말이다.

일례로 우리의 일상생활에서 많이 등장하는 캐치프레

135

이즈나 광고의 카피를 보면 쉽게 알 수 있다. 광고나 행사 등에서 등장하는 이런 말들은 간결한 단어로 눈에 쏙 들어오도록 문장이 구성되어 있다. 짧은 문장으로도 효과적으로 상대방에게 기억되는 것이다.

또한 대화에서는 명사를 늘어놓는 것보다 동사를 쓰는 것이 훨씬 효과적이다. 문장을 짧게 만들되, 명사로 표현하기보다 동사로 바꾸어 표현하면 상대방의 귀에 더 잘 들어올 뿐아니라 상대방의 감정도 움직이게 할 수 있다.

아침에 차 한 잔 마시는 여유를 갖고 오늘 어떤 대화를 할지 미리 생각해두면 훨씬 만남이 즐거워질 것이다.

차한잔의여유

신의 있는 말은 아름답지 않고, 아름다운 말엔 신의가 없다. 착한 사람은 말에 능하지 않고, 말에 능한 사람은 착하지 않다.

— 노자

55

상대방에게
구체적인 행동을 제시하라

설득은 상대방에게 자신이 원하는 행동을 촉구하는 말이다. 상대방을 효과적으로 설득해 자신의 의견에 관심을 기울였다 하더라도 상대방이 행동을 하지 않으면 효과가 없다. 따라서 상대방에게 해야 할 일을 구체적으로 제시해 주는 것이 좋다. 이야기 끝 부분에 당신의 관심사를 구체적인 행동으로 옮기도록 상대방에게 유도해야 한다.

예를 들면

"네가 담배를 피우지 않겠다고 마음먹었다면 먼저 담배를 피우고 싶을 때 다른 무언가로 대신해서라도 참아내도록 해라. 껌을 씹는다든가 물을 한 잔 마시는 것도 좋은 방법이다. 다음은 너와 함께 어울려 흡연을 즐겼던 친구들과 우정은 그대로 이어가되 흡연 장소가 될 만한 공

간에서의 만남은 당분간 피하도록 노력해라."

이런 식으로 상대방이 기분 나쁘지 않게 조언을 받아들이도록 구체적인 행동을 제시한다면 상대방은 기꺼이 수용하여 행동으로 보이려는 노력을 기울일 것이다.

누군가를 성공적으로 설득하기 위해서 아침에 차 한 잔 마실 때마다 구체적인 행동을 어떻게 제시할 것인지 사례를 만들어 본다.

이런 사례가 하나둘 쌓이면 아주 소중한 '성공적인 설득 사례집'을 만들게 될 것이다.

_차 한 잔의 여유_

대화에서는 사리분별을 가려서 말을 하는 것이 웅변에서 청중을 사로잡는 것보다 더 중요하다.

−그라시안

56

반복을 통해
메시지를 강하게 남겨라

강의를 많이 하는 사람들의 공통된 습성은 자신이 강의한 내용들을 중간에 한번 정리하여 중요한 내용을 다시 기억하게 하며 그리고 끝부분에 다시 한 번 전체 강의 내용 중 핵심만 추려서 강조하곤 한다. 이는 반복을 통한 학습 효과를 얻고자 하는 것이다.

이야기 중 계속 똑같은 문장이나 어구를 반복하면 상대방에게 강한 인상을 심어준다. 반복은 강력한 대화법 가운데 하나다. 언뜻 어려워 보이지만 일상생활에서도 매우 간단하게 적용할 수 있다. 메시지를 끊임없이 반복

139

할수록 깊이 파고든다. 물 한 방울이 계속 떨어지면 결국 돌을 뚫듯이, 반복은 상대방의 머리에 깊이 각인되게 한다. 똑같은 메시지를 계속 반복하면 사람들의 뇌리에 당신이 전달하는 메시지, 나아가서 나의 말이 들어갈 수 있는 '구멍'을 뚫게 된다. 동시에 그 연설은 뇌리에 오래 남게 된다. 메시지를 사람들의 머리에 집결시켜라.

그러기 위해서는 여유를 갖고 기다릴 수 있는 인내를 길러야 한다. 아침에 짧은 시간이지만 차 한 잔 마시면서 여유를 갖고 어떤 메시지를 사용할 것인지 정리할 필요가 있다.

차 한 잔의 여유

철학은 문장들 안에 있지 않고 언어에 노정(路程)되어 있다.

— 비트겐슈타인

57
문제 의식을
일으켜라

무언가를 위해 상대방을 설득하려고 할 때, 또는 무언가를 생각하게 하려는 의도를 갖고 있다면 상대방에게 문제 의식을 일으킬 수 있는 화제를 골라야 한다. 상대방이 의문을 갖기 시작할 때야말로 내 말에 더욱 관심을 갖게 되기 때문이다.

상대방에게 충분한 문제 의식을 불러 일으키면 관심을 끌 수 있을 뿐아니라 그에 대한 해답을 기대하는 심리도 유도할 수 있다.

설득에서는 이런 요소가 더욱 효과적이다. 문제를 제시

141

함으로써 긴장감을 일으키고, 이를 해결할 수 있는 안을 제시함으로써 상대방에게 긍정을 이끌어 낼 수 있다.

공부를 하지 않는 아이에게 공부를 하라고 무조건 윽박지를 일은 아니다. 문제를 발생시키지 않으려면 어떻게 해야 된다는 것을 스스로 생각하게끔 한다면 설득은 그리 어려운 일만도 아닌 것이다.

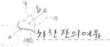

58
상대방을
자기의 입장에 세워라

　'제 입장이 되어 보면 어떻겠습니까?' 라는 말로써 상대방에게 자기의 입장을 설명하면 효과가 있다. 상대방을 자기의 입장에 서 보라고 하는 말은 정신적으로 상대방에게 역할 연기를 시키는 것이다.

　상대방을 설득시키려면 우선 상대방을 자기의 관심거리에 집중시켜 같은 입장에서 관심을 가지도록 유도하는 것이 좋다.

　사람들은 항상 스스로 불행한 존재라고 생각한다. 부자는 부자대로 그 이상의 가치를 지니지 못한 것을 불행으로 생각하고 있다. 가난한 사람은 가난을 불행으로 알고 있다.

　따라서 모두 같이 불행하다는 심리를 잘 이용하면 설

득의 효과는 클 것이다. 행복하다는 기분에 젖어 있을 경우라면 설득할 필요도 없고, 설득하려고도 하지 않는 것이 인간들의 심리이다.

상대방의 입장과 나의 입장이 동등한 것임을 강조하거나 '나의 입장에서 보면 당신도 이해할 것' 이라는 설득은 가장 효과적인 테크닉이다.

인간은 이해와 협력의 심리가 작용하게 되면 다른 어떤 욕망의 힘보다도 강하다. 인간의 만족이란 주고자 하는 심리에서도 얻어질 수 있기 때문이다. '입장을 바꿔 놓고 생각해 보십시오' 의 한 마디가 주는 힘은 의외로 크다. 상대방에게 자기 헌신의 기회를 줄 수 있도록 솔직하게 협조를 바라면 설득이 더욱 쉬워진다.

차 한 잔의 여유

말은 마음의 초상이다.

― J. 레이

59
자기의 부족함을
먼저 시인하라

성공의 요건 중에 하나가 자기의 부족함을 인정하는 것이다. 서로의 견해 차이로 대립이 격화되었을 때는 어떠한 설득도 소용없다. 대립이 격화되었다는 것은 서로의 자존심이 경직되었다는 의미로 자존심의 손상을 어느 정도 보상받을 수 있느냐에 따라서 대립의 완화 여부가 좌우된다.

대립이 심해질 때는 우선 이쪽의 결점을 내보이고 그것을 인정한 다음 상대방의 감정에 호소하는 것이 성공할 수 있는 길이다. 서로의 감정이 강하게 대립되었을 경

우에는 먼저 이쪽의 잘못을 인정하는 태도를 가지고 상대방의 마음이 풀어지도록 해야 한다. 두 사람이 모두 자기들의 입장에만 신경을 쓴다면 어느 한쪽도 수그러들지 않을 뿐더러 다음의 설득도 기대할 수가 없을 것이다.

설득을 꾀하는 사람이 먼저 상대방의 자존심을 살려주는 것이 긴 안목의 설득을 위한 배려이다. 설득의 궁극적 결과가 이쪽의 의도에 좌우되는 것이라면 잠시 동안의 양보도 그리 어려운 일은 아니다. 설득을 성공적으로 하기 위해서는 몇 발자국 뒤로 물러서는 것도 바람직하다.

짧은 시간이지만 아침에 차 한 잔 마시는 여유가 생활 속에서 익숙해지면 배려나 양보의 마음이 저절로 우러날 것이다.

차 한 잔의 여유

나의 언어의 한계는 나의 세계의 한계를 의미한다.
– 비트겐슈타인

_생명력 있는 대화법

＊같은 말이라도 때와 장소를 가려서 하라. 다른 곳에서는 사랑의 세레나데가 이곳에서는 소음이 된다.

＊내가 하고 싶은 말 대신 상대방이 듣고 싶어하는 말을 하라. 나 이외에는 모두가 우수고객이다.

＊입에서 나오는 대로 말하지 마라. 생각하고 또 생각해서 말해도 실수는 생기게 마련이다

＊상대방의 눈을 보며 말하라. 눈은 마음을 비추는 거울이다.

＊풍부한 예를 들어가며 말하라. 대화에서의 예는 말의 맛을 내는 천연 조미료다.

＊같은 소리를 반복해서 하지 마라. 귀에 딱지가 앉도록 반복해서 말하면 진실도 통하지 않는다.

＊일관성 있게 말하라. 대화의 중심을 잃으면 진실도 표류하게 된다.

＊혼자서 말을 독차지하지 마라. 대화에서의 독재는 사람을 떠나게 한다.

＊상대방의 말을 끝까지 들어줘라. 말을 가로채이면 돈을 빼앗긴 것보다 더 기분 나쁘다.

＊내 생각만 옳다고 우기지도 생각하지도 마라. 상대방의 의견도 옳다고 받아들여야 상대방도 내 의견을 받아들인다.

＊죽는 소리 하지 마라. 죽는 소리를 하면 제 아무리 천하장사라도 살아남지 못한다.

✻상대방이 말할 때는 열심히 들어주어라. 잘 듣는 것도 대화의 한 방법이다.

✻불평불만을 입에서 꺼내지 마라. 불평과 불만은 파멸을 불러 일으키는 동업자다.

✻편식은 건강을 해친다. 말도 자기한테 유리한 말만 골라서 하면 친구도 떠나간다.

✻눈은 입보다 더 많은 말을 한다. 때로는 진실이 말에 있지 않고 눈에 담겨 있다.

✻조리 있게 말하라. 순서가 바뀌면 서쪽에서 해가 뜨고 기상이변이 일어난다.

✻생기는 것 없이 비판하지 마라. 남을 감싸주는 덕망 있는 사람은 인생의 성공자이다.

✻편집하며 말하라. 적재적소에 말을 넣고 뺄 때 대화의 묘미는 살아난다.

✻미운 사람일수록 더 친절히 신경 써서 대하라. 각별하게 대해주면 원수도 내 사람이 된다.

✻남을 비난하지 마라. 남을 향해 쏘아올린 화살 다시 되돌아와 내 가슴에 명중된다.

✻재미있게 말하라. 위트와 유머는 거친 인생을 헤쳐나가게 하는 힘이다.

✻누구에게나 선한 말로 기분 좋게 해주어라. 좋은 기운은 주변 사람들을 끌어당긴다.

✻말에는 언제나 책임이 따른다. 책임질 수 없는 말은 하지 마라.

* 상대방이 싫어하는 말을 하지 마라. 듣고 싶어 하는 얘기 하기에도 바쁜 세상이다.

* 말에도 맛이 있다. 똑같은 말을 해도 감칠맛 나는 말은 몇 배의 상승 효과를 가져온다.

* 속엣말을 중얼거릴 거면 아예 침묵하라. 속으로 웅얼거리면 부처님 말씀도 욕으로 들린다.

* 뒤에서 험담하는 사람과는 절대로 가까이 하지 마라. 내 곁을 떠나는 순간 내 험담을 할 것이다.

* 올바른 생각을 많이 하라. 올바른 생각을 많이 하면 저절로 올바른 말이 나오게 된다.

* 부정적인 말은 하지도, 듣지도, 전하지도 마라. 여러 사람 파멸시킨다.

* 모르면 이해가 될 때까지 열 번이라도 물어라. 모르면서 아는 척하는 게 문제지 모르는 것을 모른다고 하는 것은 성공을 위한 길이다.

* 목소리를 밝게 만들어라. 듣기 좋은 소리는 음악처럼 아름답게 느껴진다.

* 상대방을 높여 말하라. 상대방을 높이는 순간 나도 함께 올라간다.

* 칭찬, 감사, 사랑의 말을 많이 사용하라. 그러면 사람은 저절로 따라온다.

* 공통된 화제를 선택하라. 화제가 자꾸 어긋나면 남의 다리 긁다가 끝이 난다.

* 입 끝에서 나오는 대로 말하지 마라. 가슴에서 우러나오는 말이 진심이다.

＊말로 입은 상처는 숨죽이고 있을 뿐 절대 없어지지 않는다. 입 밖에 나온 말은 엎질러진 물과 같으니 조심해서 말하라.

＊모든 분야에는 프로가 있다. 프로는 책을 통해 기초 실력을 쌓는다. 대화에 관한 책을 읽어라.

＊기어들어가는 소리로 말하지 마라. 침묵보다 더 나쁜 대화다.

＊품위 있는 말을 사용하라. 자신이 하는 말이 자신의 인격이다.

＊자만, 교만, 거만은 적을 만드는 언어다. 겸손한 말이 생명력이 있다.

＊표정과 함께 온 몸으로 말하라. 드라마 이상의 효과가 나타난다.

＊활기 있게 말하라. 생동감은 상대방을 감동시키는 원동력이다.

＊솔직하게 말하고 진실하게 행동하라. 그 결과는 승리자의 모습으로 다가온다.

＊대상에 맞는 말을 하라. 얼굴 모습이 다 다르듯 사람마다의 생각도 다 다르다.

＊실언은 실수와 같다. 누구나 할 수 있는 것이다. 실언이 나쁜 것이 아니라 변명이 나쁘다. 변명 대신 곧 바로 사과하라.

＊말에는 메아리의 효과가 있다. 자신이 한 말이 자신에게 가장 큰 영향을 미친다.

＊말이 씨가 된다. 어떤 씨앗을 뿌리느냐에 따라 수확이 달라진다. 어떤 말을 할지 많이 생각하라.

＊적게 말하고 많이 들어라. 그래야 넉넉한 사람이 된다.

문제점은 성공으로 가는
징검다리이다

생각지도 않았던 말이 대화 도중에 튀어나올 때 시간이 없어서 더 이상 대화를 할 수 없는 상황일 때 당신이라면 어떻게 행동하겠는가. 설령 실수가 있다할지라도 도중에 대화를 끝내지 말아야 한다. 상대방이 기분 나쁘지 않게 정중히 사과하고 대화를 자연스럽게 이끌어가야 한다. 시간이 부족하더라도 자신이 하고자 하는 말은 확실하게 전달하고 일어설 때는 상대방이 오해하지 않도록 대화를 끝내는 방법을 찾아야 한다.

60
무심코 튀어나온 실수의 말은
정식사과로 해결한다

사람은 신이 아니다. 아무리 잘나고 똑똑한 사람이라 할지라도 실수를 하기 마련이다. 특히 말 실수가 그렇다.

아무리 조심해서 말을 해도 말이 헛나오는 경우가 있다. 이럴 때는 즉석에서 사과하는 것이 중요하다. 그러나 빼도 박도 못하는 곤란한 말을 했을 경우가 있다. 빈정거림이나 불쾌감을 느끼는 말을 했을 때가 바로 그것이다.

자신의 말투에 잘못이 있었다면 즉석에서 사과해야 하지만 그렇다고 괜히 겁낼 필요는 없다. 상대방과 대화 할 때 특히 주의해야 하는 것은 상대방의 체면, 인격에 상처

153

를 입히는 치명적인 언동을 피해야 한다는 것이다. 비록 실수를 했더라도 대화를 중간에 그만두지 말고 말할 필요가 있는 것은 분명하게 말하는 것이 좋다. 단, 자신이 잘못한 말에 대해서는 진지하게 실수였음을 사과하여야 한다.

말이 헛 나오는 것을 지나치게 경계하다가 중요한 말을 하지 못하는 누를 범하지 마라. 도중에 중단해 버린 말이나 충분치 못했던 표현이 더 큰 오해를 낳기 쉽다.

차 한 잔의 여유

가장 곤란한 것은 모든 사람이 생각하지 않고 나오는 대로 말하는 것이다.

—알랭

61
'말' 도
나의 브랜드가 된다

누군가와 처음 만나 협상을 해야 할 때 성공적인 만남이 되기 위해서는 어떤 인상을 남기느냐가 관건이다.

상대방의 기억 속에 자신의 인상이 기억되게 하기 위해서는 여러 가지 요인이 있을 수 있다. 신체적으로 키가 크다든지 혹은 작다든지, 비만형이나 아니면 형편없이 말라 있다든지 하는 것도, 상대방의 기억 속에 자기를 기억되게 하는 요인이 될 수 있으며, 성격상의 특징도 아울러 여기에 포함된다.

요즘처럼 개개인의 개성으로 승부하는 분위기에선, 이런 개인의 개성과 인상을 남기기 위해 여러 가지 노력들이 동원된다.

여기서 언어의 특징, 말버릇 역시 자신을 상대방에게

각인시키는 한 요인이 될 수 있다. 위대한 정치가나 사업가들의 자전적 기록을 살펴보면 모두 자기만의 독특한 말버릇이 있다. 자기 자신도 모르게 내뱉게 되는 말버릇은 많은 사람들이 관심을 가지고 상대방을 기억하게 하는 데 절대적인 영향을 끼친다. 더욱이 그것은 이쪽의 인상을 구체화시키고 형상화시키는 데 도움을 준다.

흔히 사람들이 많이 쓰는 '죽겠어', '피곤해' 등의 말은 모두 자신의 심층 심리에서 나오는 말로써 언어 심리학에서는 심층 언어라고 부른다. 따라서 심층 심리에서 나온 이런 말들을 자주 사용하면 자기도 모르는 사이에 실제로 그런 사람이 되고 만다. 그러므로 말버릇으로 성격 판단도 가능할 수 있다.

따라서 다른 사람에게 강한 인상을 주기 위해서는 말버릇도 신경 쓸 필요가 있다. 그러나 상대방에게 천박한 인상을 주거나 불쾌한 인상을 주는 말이어서는 안 된다. 유머러스하면서도 재미나고 또는 한편으로 자기 혼자만의 특징적인 말버릇이라면 자신을 팔 수 있는 상표로도 손색이 없다.

사람 간의 여유

말하는 것은 지식의 영역이고 듣는 것은 지혜의 특권이다.
– 올리버 웬들 홈스

62

사과는 많이,
성의있게 할수록 좋다

　상대방에게 사과할 때는 상대방의 기분을 이해하는 것이 제일 중요하다. 무조건 사과하는 말만 되풀이 한다면 상대방이 무성의하다는 느낌을 받기 쉽다. 이럴 때는 미안하다는 말을 한 번이 아니라 여러 번 반복하는 것이 좋다.

　심리학에는 빈발 효과라는 것이 있다. 반복해서 제시되는 행동이나 대화가 처음 입력된 정보를 지운다는 것이다. 사과의 말이 효과를 발휘하려면 보통 3~5번 정도 반복되어야 한다. 그렇다고 짜증스럽게 반복적으로 되풀이하는 것이 아니라 상대방의 기분을 이해하는 표현과 상

157

황을 설명하는 것이 좋다.

또한 이렇게 반복함으로써 상대방이 나에 대해 가진 나쁜 감정도 지울 수 있다. 이럴 경우 상대방도 대화하면서 서서히 화가 풀리고 말을 들어주기 때문이다. 여기에 '앞으로는 하지 않겠다' 등 자신의 대처를 말해 준다면 더욱 좋다.

지친 잔의 여유

금속은 소리로 그 재질을 알 수 있지만, 사랑은 대화를 통해서 서로의 존재를 확인해야 한다.

−그라시안

63

질문으로
화제를 바꿔라

흥미롭지도 않고 도움도 주지도 못하는 화제를 계속하는 사람에게는 누구나 싫증을 느낀다. 대화의 목적이 엉뚱하게 빗나가고 있어도 태연히 이야기를 계속하고, 또 그 마무리를 옳게 유도할 줄 모르는 사람도 있다. 이런 상대방과 대화를 나눌 때는 대화를 컨트롤 할 수 있는 능력을 갖추어야 할 것이다.

그러나 이런 경우에 지리한 분위기를 모면하려는 생각이 먼저 앞서 무리하게 이야기를 중단하기를 요구하거나 이야기의 잘못된 점을 지적한다면 대화가 매끄럽게 이어지지 않을 뿐 아니라 인간관계까지 무너질 수 있다. 이때는 상대방이 말하고 있는 화제의 초점을 엉뚱하게 유도하여 다른 화제로 대화의 초점을 돌리게 하는 것과 대화

도중에 새로운 화제를 제공하는 순간을 잘 포착하는 것이 중요하다.

상대방이 이야기를 멈췄을 때 상대방의 분위기를 봐서 정중하게 다른 화제를 내밀어 화제를 바꾸어 보자. 이때 상대방의 의견을 구하는 말을 하는 것이 좋다. 그러면 상대방은 자신의 이야기가 잘 받아들여졌다고 생각하고 새로 등장한 화제에 대해서 관심을 쏟게 될 것이다.

화제를 바꾸는데 화법의 재치는 절대적으로 필요하다. 예를 들어 상대방의 관심을 끌 수 있는 첫마디는 접속사, 혹은 감탄사를 써야 된다는 것이다. 그저 말의 내용을 무턱대고 떠들기만 하면 내용에 대해 쉽사리 흥미를 갖지 못한다. 서로 자기들의 이야기를 하기에 정신이 없을 정도로 대화가 혼란해진다. 그러나 접속사, 감탄사를 사용하면 일단 주의를 환기시키기 때문에 말의 첫머리를 상대방에게 강하게 주입시킬 수가 있다.

차 한 잔의 여유

본능은 첫 번째이고 이성은 두 번째이다. 언어놀이 안에 비로소 그 이유들이 있다.

– 비트겐슈타인

64

언어의 순서를 역전시키면
깊은 인상을 남길 수 있다

　'개가 사람을 물었다' 하면 뉴스가 되지 않지만 '사람이 개를 물었다' 한다면 뉴스거리라는 얘기가 있다. 이것은 주어와 목적어의 개념이 역전되어 평범한 화제가 쇼킹한 반응을 불러 모은다는 상징적인 말이다.

　똑같은 내용의 말이라도 언어의 의외성을 활용하면 훨씬 인상적인 내용으로 전환시킬 수 있다. 언어는 이처럼 의외성을 만들 수가 있다. 우리가 평소 사용하는 상투어도 단어의 순서를 뒤바꾸어 놓으면 보편적인 개념을 탈피하게 된다. 또한 신선한 기분을 갖게 하기 때문에 이야

161

기의 파급과 전달 효과가 아울러 증대된다. 대화에 있어서 보편적인 이야기에 강한 인상을 주려면 언어의 순서를 역전시켜 보는 것이 좋다.

언어의 순서는 항상 일정해서 선입감을 줄 수도 있으므로 단어를 도치시키면 신선한 감각을 줄 수 있다. 이러한 언어의 도치는 특정한 경우 뿐만 아니고 어떠한 일상적인 대화에서라도 응용할 수 있는 테크닉이다. 강조하고자 하는 부분을 상대방에게 강하게 인상 지워주려면 이야기의 앞에다 도치시키면 효과를 볼 수 있다.

개그맨들의 신선한 언어 감각이 수많은 훈련과 노력 뒤에 나온다고 한다. 아침에 짧은 시간의 여유를 통해 언어감각을 늘린다면 신선한 언어감각이 몸에 배이게 될 것이다.

언어란 사고의 토대이고 사고는 감정의 영역이다.
– 데이비드 J. 리버만

65

숫자는
비교해서 보여줘라

세미나나 보고 현장에서, 숫자를 상대방에게 납득시켜야 하는 경우가 있다. 이럴 때는 비교 수치를 제시하여 말하면 이 숫자가 어느 정도의 의미를 가지고 있는가를 효과적으로 알려 줄 수 있다.

상대방이 수치 비교를 통해 논리적으로 생각이 가능하며, 내가 상대방을 설득할 때 효과적으로 이용할 수 있다. 또 숫자를 곱하거나 나누어서 제시하면 상대방을 설득하는데 효과를 볼 수 있다.

숫자를 크게 보이게 하고 싶다면 곱하고, 작게 보이게

163

하고 싶다면 나누면 된다. 잡지나 신문의 경우를 생각해 보자.

이를 테면 태풍 피해 현장에서 "농민들이 연간 벌어들이는 수익이 50억인데 피해액은 10년간 벌어들이는 수입보다도 더 큰 규모가 될 것으로 보인다."고 말하는 것이다. 이럴 경우 크게 보인다. 반대로 작게 느끼게 하려면 '1년 정기구독료가 6만 원이라고 한다면, 한달 5천 원이나 일주일에 1,200원 정도다'라고 제시해 보자. 결과는 같지만, 듣는 편에서는 훨씬 싸다고 느낄 수 있다.

성공한 사람들의 경우 데이타에 대한 정확한 정보를 쌓아가고 있다.

성공을 잡으려면 자기 분야에 대한 정확한 정보를 수집해야 할 것이다.

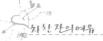
잠 한 잔의 여유

철학은 우리 언어의 수단을 통해 우리 이성이 마법화되는 것에 반대하는 투쟁이다.

― 비트겐슈타인

66

발표 할 때
이렇게 몸가짐을 가져라

어떤 연구 결과에 따르면, 대화의 성공 여부를 결정하는 요소로 내용은 고작 20%에 지나지 않고 말하는 이가 몸 동작으로 하는 말이 80%에 달한다고 한다. 몸 동작에는 어떤 목소리로 말하고, 사람들과 어떻게 눈을 마주치며, 말할 때 어떤 자세로 서 있는가 하는 것 등이 속한다. 자신감을 표현할 수 있는 트릭은 여러 가지가 있다. 우선 몸을 똑바로 세우면 자신감이 있어 보인다. 또 끊임없이 사람들과 시선을 맞추며 의식적으로 큰 소리로 말하면 자신감이 있어 보인다.

한편 많은 사람들이 발표를 할 때 손을 어디에 두어야 좋을지 몰라 쩔쩔매는 경우가 많다. 일상적인 대화에서는 손을 어디에 두어야 할지 잘 알지만, 사람들 앞에만 서

165

면 몸가짐이 어색해지기 마련이다. 이럴 때는 손을 몸 앞에 두고 약간 구부린 채 느슨하게 마주잡으면 편안한 자세를 취할 수 있다. 또 손에 무언가를 가볍게 쥐고 있으면 편리하다.

아침에 차 한 잔 마시는 시간은 나를 변화시킬 수 있는 소중한 시간이다. 거울 앞에서 서서 어떤 모습으로 대화하는지 연습해 보는 것이다. 때로는 우습게도 보이지만 이런 과정을 통해 나마의 멋진 몸짓이라는 대화를 터득해 나가는 것이다.

군자는 혼자 있을 때, 즉 남이 보고 있지 않을 때나 듣고 있지 않을 때도 언행을 삼가고 자기 스스로를 속이지 않는다.

— 대학

67
연설시 준비는
이렇게 해라

사람들 앞에서 연설을 해야 하는 경우, 특히 상대방을 설득시켜야 하는 프레젠테이션이나 의견을 발표할 때는 적절히 사전 준비를 해 놓아야 한다. 연설로 청중을 사로잡는데 일가견이 있었던 링컨도 "제 아무리 경험이 풍부한 사람일지라도 준비 없이는 질서정연하게 말할 수 없다."고 말한 바 있다.

하지만 아무리 많이 자료를 준비한다고 해도 정작 말을 잘못하면 이런 경우는 실패하기 십상이다. 그렇다면 어떤 준비를 하는 것이 좋을까?

우선 자료 준비는 충분히 해 놓고, 기억하기 어려운 숫자나 통계 등만 약간 메모를 해 두는 것이 좋다. 하지만 원고를 작성해 달달 외우는 것은 하지 말아야 한다. 자기

167

가 할 이야기를 모조리 암기하는 것은 시간과 정력의 낭비일 뿐아니라 비참한 결과를 초래한다. 글을 읽는 것과 말을 하는 것은 전혀 다르기 때문이다. 약간의 메모로 기억을 보완하고, 외우는 대신 말하고 싶은 화제에 대해 숙고하고 생각을 일목요연하게 정리하는 것이 좋다. 자신의 의견과 신념이 정착되면 자연히 말은 따라오게 된다. 생각이 정리되면 친구나 동료에게 예행 연습을 해 부족한 점을 보충하는 것도 좋다.

대중 앞에 선다는 것은 긴장감을 느끼게 한다. 긴장에서 벗어나려면 여유로운 자세가 필요한데 매일 아침 차한 잔 마시는 짧은 시간 속에서 찾는 여유로움을 쌓아가면 긴장감을 떨쳐버릴 수 있다.

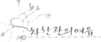

말이 쉬운 것은 결국은 그 말에 대한 책임을 생각하지 않기 때문이다.
– 맹자

68

화제의 범위를
정해라

대화에는 적절한 화제 선택이 중요하다. 하지만 일상적인 잡담이나 수다가 아닌 이상에야 화제거리가 너무 많은 것은 좋지 않다. 말은 하다 보면 끊임없이 가지를 치기 마련이다. 그러다 보면 자칫 방향을 잃고 이야기의 초점을 흐리기 일쑤다. 모든 것을 다 이야기했다가는 그 누구도 내가 하는 말을 확실히 알 수 없고 혼란만 일으킬 것이다.

일단 화제를 선택하고 나면 다음은 화제를 어디까지 넓힐 것인지 그 한계를 정해서 엄격히 그 범위 내에 국한

169

시켜야 한다. 무제한으로 넓히다가는 잘못을 저지르기 일쑤다.

　포인트가 되는 화제거리는 사실 적을수록 좋다. 5분 정도의 시간이라면 요점은 한 가지나 두 가지 정도가 적합하다. 그러나 시간에 비례해서 화제를 늘려선 안 된다. 30분 정도의 시간 동안 연설한다면 테마를 두세 가지 내외로 제한하는 것이 좋다. 너댓 개 이상 집어넣으면 집중이 분산되어 성공하기란 좀처럼 힘들다.

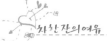

가만히 보면 우리들이 평소에 나누는 대화는 신문이나 잡지, 다이제스트 따위를 훑어보고 얻은 사실이나 이론 을 인용해 서로가 이렇다 저렇다 하며 자기 주장을 내세우는 것에 불과하다.

　　　　　　　　　　　　　　　　　　　　　　－헨리 밀러

69
아침에 떠오른 주제를
대화에 이용한다

　회의를 하는 경우에는 보통 의제가 미리 정해져 있으며, 상담을 하는 경우에도 무엇에 대해서 이야기를 할 것인가가 대강 정해져 있다. 대화를 할 때도 미리 화제가 주어져 있다면 그 선택이나 결정에 대해서 이것저것 망설일 필요가 없겠지만 상대방과 얼굴을 마주 대하자마자 곧 바로 그 화제로 들어간다고는 말할 수가 없다. 대화의 능률을 올리기 위해서는 형식적인 인사말 따위를 생략할 수도 있겠으나 이것도 때와 장소를 가려서 해야 하며 상대방과의 관계에 따라 바꿀 필요가 있는 것이다.

　일반적으로 예정된 화제로 들어가기 전에 대화를 끌어낸 쪽에서 먼저 말을 준비해야 한다. 보통은 간단하게 자기 소개를 하고 그 밖에 짤막한 인사말을 하는 것이 좋다.

171

이것은 상대방과의 원활한 대화를 진행시키기 위해서 우선 서로가 말 장단을 맞추는 일이다. 더구나 대화를 하겠다고 생각하고 나서 준비를 할 수 있는 여유가 있으면 조금이라도 상대방에 관한 정보를 얻으려고 노력하는 것이 당연하겠지만, 대화를 시작할 때까지 충분한 정보를 얻기란 쉬운 일이 아닐 것이다. 그래서 초면의 상대방이나 잘 모르는 상대방과의 대화에서는 어떤 화제로 찾을 것인지는 사전에 파악해야 한다.

아침에 차 한 잔 마시면서 떠오른 생각들이 그날 하루를 끌어가는데, 누군가를 만날 때 이런 방법을 이용해 보는 것도 좋다.

차 한 잔의 여유

가혹하고 부정적인 뜻이 담긴 말들을 피하라.

– 데이비드 J. 리버만

70

대화의 흐름을 타지 말고
중심에 서서 리드하자

대화는 일방적인 것이 아니기 때문에 언제나 의도된 방향과는 다른 쪽으로 흐를 수 있다. 어느 정도 자유롭게 흘러가는 것은 자연스러운 대화의 흐름을 타서 분위기를 부드럽게 할 수 있다. 하지만 의도가 있는 대화라면 이런 상태는 곤란하다.

일대일의 대화에서는 자신의 의도대로 대화를 돌리는 것이 그다지 어렵지 않지만, 여러 명이 함께 이야기 할 때는 쉽지 않다.

어느 화제가 아직 끝을 맺지 않았는데도 어떤 계기로 인해 다른 화제로 옮겨져 버리기 일쑤다. 한 사람이 한 마디씩만 다른 이야기를 해도, 첫 화제와 전혀 다른 방향으로 쉽게 흘러가 버리는 것이다.

그때에는 적당한 기회를 보아 앞의 화제를 다시 꺼내 대화를 유도한다. 이것은 그 화제를 꺼낸 사람에 대한 예의이기도 하며, 그 사람에게 강한 관심을 갖고 있다는 증거도 되는 것이다.

따라서 이렇게 대화를 유도하면, 상대방에 대해 좋은 인상을 심어줄 수도 있는 무기가 된다.

대화의 중심에서 벗어나지 않으려면 집중력을 강화시켜야 한다. 아침에 차 한 잔 마시는 시간을 이용하여 머리를 맑게 해주는 명상 음악을 듣는다. 음악은 뇌세포를 활성화시킬 뿐만 아니라 긴장감을 풀어주고 머리를 맑게 해주는 역할을 한다.

질병은 입을 좇아 들어가고 화근은 입을 좇아 나온다.

– 태평어람

71

솔직한 대응법으로
성공을 잡는다

변명은 일반적으로 부정적인 이미지로 사용되는 단어이다. 잘못을 건성으로 애매하게 덮는다는 의미가 있고 회피하려는 느낌이 강하기 때문이다. 그러나 자신의 결백을 증명하고 사리를 가려내어 똑똑히 밝힌다는 적극적인 의미도 있다.

물론 자신의 잘못을 인정하는 것이 아니라 '그래도', '하지만', '아무래도'라고 자신을 지키는 말을 앞세우는 사람은 자신의 실패를 피하려는 느낌이 강해 신뢰감을 주지 못한다.

어떤 일의 이유를 설명한다고 하는 입장에서 볼 때 변명은 커뮤니케이션의 중요한 수단으로 보는 것이 좋다. 대신 상황을 회피하기 위한 핑계를 대서는 안 된다. 핑계

175

를 대기 시작하면 오히려 더 수습할 수 없는 상황에 빠질 수 있다.

사정을 똑똑히 전하는 것은 상대방에 대한 성의 표시이기도 하다. 오히려 변명 같은 것은 하고 싶지 않다고 마음대로 생각하고 이유를 설명하지 않아, 자기도 모르게 상대방에게 폐를 끼치는 경우보다는 오히려 솔직하게 이야기하는 것이 현명할 수 있다.

성공한 사람들을 보면 탄탄대로를 걸어온 사람들보다 어려움을 극복하고 성공을 거머쥔 사람들이 많다. 그들은 문제가 생겼을 때 변명하거나 돌아가기보다 정면 도전으로 극복해낸다.

솔직함이 성공의 열쇠이다.

차 한 잔의 여유

말만 하고 행동하지 않는 사람은 잡초로 가득 찬 정원과 같다.
　　　　　　　　　　　　　　　　　　　　　　　　　- 하우얼

72

설득의 장애에 부딪쳤을 땐
그 장애를 이해하라

상대방을 설득하려고 할 때 가장 문제가 되는 것은 상대방이 자신의 설득에 거부 반응을 나타낼 때이다. 이러한 거부 반응은 인간적인 본능이라고 할 수 있다. 인간은 본능적으로 타인의 존재나 사상에 대해 배타적일 뿐아니라 자기의 자아에 상대방의 주의 사상이 유입되는 것을 의식적으로 거부한다. 사사건건 시비를 가리려는 태도는 오히려 역효과를 낸다.

이럴 때는 우선 그 장애에 대해 좌절이나 실망을 할 것이 아니라 그 장애를 이해하는 태도를 지녀야 한다. 장애를 이해한다는 것은 될 수 있는 대로 자기를 납득시킬 수 있도록 아량을 지니라는 것이다. 또한 설득의 말을 잘 듣지 않으려는 사람에게는 뻔뻔하고 거만하다는 생각을 하기에 앞서 '무척 솔직하신 편입니다' 하는 칭찬의 뜻을 표현하면 바람직한 분위기로 이끌 수가 있다.

설득을 하고자 할 때 결코 정면 승부에 집착해서는 안 된다. 설득에 있어 장애란 당연스레 작용할 수 있다는 관용의 자세를 가져 도리어 그 장애를 자기에게 유리하게 작용하도록 하는 것이 좋다.

차 한 잔의 여유

인생은 자유로이 여행할 수 있도록 시원하게 뚫린 대로가 아니다. 때로는 길을 헤매기도 하고, 때로는 막다른 길에서 좌절하기도 하는 미로와도 같다. 그러나 믿음을 가지고 끊임없이 개척한다면 신은 우리에게 길을 열어줄 것이다. 그 길을 걷노라면, 원하지 않던 일을 당하기도 하지만 결국 그것이 최선이었다는 사실을 알게 된다.

-A.J 크로닌

73

상대방을 높이면
상대방은 스스로 고개를 숙인다

경어는 일반적으로 예의와 존경을 나타낸다. 경어를 사용하는 것은 자기보다 우위에 있는 사람에게 예의를 밝히는 의미도 있고, 긴밀하지 못했던 관계의 사람들 사이에 서로 존경의 뜻을 나타내는 경우도 있다.

그러나 아주 가까운 사이에서는 경어를 쓰지 않기 마련이다. 그만큼 경어는 한편으로 거리감을 내포하고 있는 것이다. 경어는 친절하게 들리기는 하지만 인간의 정을 전해주지는 못한다.

또한 사람의 감정을 가라앉혀 소원하게 만드는 효과를

179

지니고 있다. 애인이나 친구 사이에서 경어를 쓰지 않는 것은 이런 이유이다.

의도적으로 경어를 쓰는 것은 상대방과 나의 관계에 한계를 긋는다는 의미도 있는 것이다. 비즈니스 상대라면 서로 이익 관계를 확실히 하는 의미도 된다. 친밀했던 관계라도 필요에 의해 멀어지고 싶을 때는 경어를 고의적으로 사용해 보라. 그러면 최대의 효과를 얻을 수 있을 것이다.

상대방을 높인다는 것은 말로만 하는 것이 아니라 마음까지 담는 것을 뜻한다.

학생들에게 경어로 수업하는 선생님과 친근하게 반말로 수업하는 선생님에 대한 반응을 조사했더니 경어로 수업하는 선생님 앞에서는 자기도 모르게 겸손해진다는 결과가 나왔다. 내가 대접받기를 원한다면 나부터 상대방을 높여야 한다.

차 한 잔의 여유

찾아와서 시시비비를 이야기하는 자가 곧 시비하는 사람이다.
 － 명심보감

74
충고나 비평은
여건을 만든 후 말해라

충고와 비평은 어쨌든 기분 좋게 받아들이지 못하는 게 당연하다. 자기가 충고를 하는 입장에 놓이게 되면 상대방보다는 우월한 입장이라고 생각하게 되는데 이런 경우에 특히 처세가 중요하다. 아무리 건전하고 진지한 충고라도 상대방의 자존심을 건드리거나 상처를 자극하면 역효과를 얻게 된다.

충고를 하는 사람이 분명 상대방에게 도움이 될 만한 이야기라고 섣부르게 판단을 내려 충고하게 되면 인간관계에 크나큰 상처를 남길 뿐이다.

181

그러므로 적당히 분위기를 조성하고 부드럽게 받아들일 수 있는 여건을 만든 후 입을 열어야 한다. 이럴 때 효과적인 말이 '나도 잘 모르지만……'이라는 말이다. 상대방이 '저쪽도 잘 모르고 있구나' 하는 우월감을 느끼게 하기 위해서이다.

상대방이 우월감을 느낀 후 충고를 하면 거의 완벽한 효과를 기대할 수 있다.

상대방이 자청해서 충고와 조언을 의뢰하는 경우도 마찬가지다. 이런 경우에는 거의 모든 사람들이 칭찬 섞인 말을 듣고 싶어하기 마련이다. 이럴 때 직언을 하면 실패하기 십상이다.

차 한 잔의 여유

거짓말을 한 그 순간부터 뛰어난 기억력이 필요하게 된다.

– 코르네이유

75
까다로운 상대방은
논리보다 심리를 건드려라

누군가 자기 의견에 반대한다면 우선 감정적인 반대인지 이성적인 반대인지를 간파하는 것이 중요하다. 상대방이 감정적으로 반대한다면 논리적인 설득은 시간 낭비다. 이럴 땐 논리보다 상대방의 심리를 파악하는 것이 중요하다.

이런 예는 주변에서 쉽게 볼 수 있다. 언젠가 인기를 끌던 욕쟁이 할머니 식당을 보자.

까다롭기 마련인 손님의 입장에서 욕을 하는 주인을 어떻게 받아들이겠는가. 그 이유는 간단하다. 욕을 하는

183

할머니에게서 감정적인 친밀함을 느끼기 때문이다.

물론 이를 감정적으로 받아들이지 못하는 사람은 이곳을 찾지 않을 것이다. 이렇게 상대방의 심리를 파악하면 논리적인 대응보다 훨씬 좋은 결과를 얻을 수 있다.

아침에 차 한 잔 마시는 시간이 짧다고 생각할 수 있다. 얼마 안 되는 이 시간을 잘 활용하면 성공을 낚는 지혜를 나의 것으로 만들 수 있다.

아침에 읽는 짧은 글 한 마디가 하루를 이끌어주기도 하고 차 한 잔 마시면서 들었던 음악이 하루 종일 귓가를 맴돈다.

이 시간을 이용해 성공에 관한 책을 읽어보자.

차 한 잔의 여유

속이는 말로 재물을 모으는 것은 죽음을 구하는 것이다.
– 성경 잠언

76

짧은 표현일수록
강렬한 인상을 남긴다

세상에서 가장 짧은 편지로 알려진 의문 부호 물음표 '?' 와 느낌표 '!' 의 프랑스의 문호 빅톨 위고의 일화는 널리 알려진 이야기다.

흔히 이런 형태의 함축성 있는 말을 놓고 '촌철살인' 이라고 하는데 아주 짤막한 말로써 사람을 감동시키는 것을 말한다.

대화에 있어서도 이와 마찬가지로 무수히 많은 언어 중에서 화제에 빗나가지 않고 핵심을 찌르는 말은 짧을수록 강한 인상을 준다.

한 가지 요건을 줄줄이 나열하는 것은 오히려 이해에 도움이 안 된다. 이렇게 효과적이고 강렬하게 말하려면 훈련이 중요하다. 평소에도 간결한 표현으로 가다듬는

185

연습을 해 보고 여러 가지 표현을 가정해 보는 것이 좋다.

특히 부탁이나 협조의 말은 짧게 할수록 좋다. 핵심적인 말을 정리해 하는 것이 상대방에게도 직접적으로 다가오고, 필요한 점을 확실히 알 수 있기 때문이다.

아침에 읽는 짧은 다이제스트는 하나의 상황을 짧은 시간에 읽어내야 하기 때문에 요점을 정리한 느낌을 받게 된다. 그러나 내용이 짧다고 해서 그 속에 담긴 의미까지 작은 것은 아니다. 이 시간을 통해 하나의 상황을 핵심 정리할 능력을 키워서 성공으로 한 걸음 다가가자.

차 한 잔의 여유

말은 간결할수록 곧 훌륭한 웅변이다.

―그라시안

77

파격은
신선함을 준다

인간관계에 있어 전혀 예기치 않던 일을 당하면 이미 머리 속으로 그려져 있던 기존 관념은 생각하지 않게 되고 색다른 기분을 느끼게 마련이다. 더욱이 예기치 않던 일이 자기를 즐겁게 하거나 마음을 끌어당기는 일이 있다면 상대방에 대해 신선한 인상을 받게 된다. 파격의 미라는 것은 예술에서 뿐만이 아니고 인간의 감정에도 깊은 영향을 주는 것이다.

대화에서도 이런 파격이 적용되면 신선함을 줄 수 있을 뿐아니라 인간관계에도 유리한 점으로 작용할 수 있

187

다. 유명한 '콜럼부스의 달걀' 일화는 이런 점을 보여주는 대표적인 예다. 콜럼부스의 계란을 깨는 파격으로 인해 사람들은 강한 인상을 받고 그의 이미지를 다르게 보기 시작했던 것이다.

일상생활의 대화에서도 이런 파격을 적용해 보면 상대방에 대한 나의 인상도 바꿀 수 있고, 대화에 신선함을 부여해 호감을 얻을 수 있을 것이다.

차한잔의여유

험담은 세 사람을 죽인다. 험담의 대상이 되는 사람, 험담을 들어주는 사람, 그리고 험담을 하는 사람.

― 미드라쉬

이야기를 잘 듣는 사람이 자기 표현을 잘 한다

＊상대방의 입장을 생각하면서 말을 듣는다.

＊상대방의 생각이나 주장, 요구를 일단 인정하고 난 후에 자신의 생각이나 주장, 요구를 한다.

＊상대방의 이야기를 중간에 끊거나 가로 채서는 안 된다.

＊상대방의 이야기를 몇 마디만 듣고 섣불리 지레짐작하거나 주관적으로 판단해서는 안 된다.

＊상대방이 말하는 속도에 나의 사고력과 이해를 맞추도록 하라.

＊이해하지 못한 것은 질문을 통해 반드시 이해하라. 모르는 것은 창피한 게 아니다. 모르는데도 아는 척했을 때 문제가 생긴다.

＊귀뿐만 아니라 눈으로도 듣는다.

꿈을 품어라

꿈이 없는 사람은 생명이 없는 인형과 같다

그라시안